积极心理学视域下大学生心理健康教育与辅导

蒋　立　李丽贤◎著

中国原子能出版社

图书在版编目（CIP）数据

积极心理学视域下大学生心理健康教育与辅导 / 蒋
立，李丽贤著． — 北京：中国原子能出版社，2022.11
ISBN 978-7-5221-2263-2

Ⅰ．①积… Ⅱ．①蒋… ②李… Ⅲ．①大学生－心理
健康－健康教育 Ⅳ．① G444

中国版本图书馆 CIP 数据核字（2022）第 207758 号

积极心理学视域下大学生心理健康教育与辅导

出版发行	中国原子能出版社（北京市海淀区阜成路 43 号　100048）
责任编辑	张　磊　杨晓宇
责任印制	赵　明
印　　刷	北京天恒嘉业印刷有限公司
经　　销	全国新华书店
开　　本	787 mm×1092 mm　　　1/16
印　　张	11.25
字　　数	195 千字
版　　次	2022 年 11 月第 1 版　　2022 年 11 月第 1 次印刷
书　　号	ISBN 978-7-5221-2263-2　　定　价 72.00 元

作者简介

蒋立，男，1980 年 10 月出生，汉族，浙江省杭州市人，心理学硕士，教育学博士在读，深圳职业技术学院心理健康教育与咨询中心教师，国家二级心理咨询师，中国心理学会注册心理咨询师，广东省高校注册心理咨询师（高级），清华大学积极心理学认证指导师，深圳高校大学生心理健康教育专家委员会委员，加拿大 HAVEN 学院中国本土授权讲师。

李丽贤，女，1980 年 2 月出生，南方医科大学深圳市妇幼保健院副主任医师，广东省临床医学学会产科学专业委员会委员。拥有丰富的临床及教学经验。在各类期刊发表文章十余篇，参与多个临床科研课题研究。其中"凶险型前置胎盘围术期系统管理及改善围产结局的探讨"获 2012 年深圳市科技计划项目资助，项目编号：201202078。近 5 年致力于将积极心理学应用于临床实践，在抑郁症，尤其是产后抑郁方面有丰富的研究经验。

前　言

　　心理健康教育对改善大学生心理健康状况、缓解大学生生活和学习压力起到了一定的作用，但是传统的治疗型心理健康教育模式存在发现问题后才去解决问题的弊端，而积极心理学则克服了旧有心理健康教育模式的弊端，是当今心理教育研究的主流，它正在同社会文化相融合，在教育过程中发挥了自己应有的作用，以独特的魅力展示了心理学在教育过程中固有的现实意义。本书以大学生心理健康教育和积极心理学的相关理论内容为切入点，从积极心理学的视角分析了当今大学生心理健康教育的现状，指出了积极心理学对大学生心理健康的重要价值，并就大学生积极心理健康教育提出了相应的对策。

　　全书共六章。第一章为绪论，主要阐述了大学生心理健康教育的定义和内容、积极心理学在高校发展的意义、大学生积极心理健康教育的基本理念；第二章为积极心理学的理论基础，主要阐述了积极心理学的主要观点、积极心理学的理论依据、积极心理学的基本内容；第三章为大学生心理健康教育现状与发展，主要阐述了高校大学生心理健康教育理论指导与概况、积极心理学与传统心理健康教育方法的比较、积极心理学对大学生心理健康教育的意义；第四章为积极心理学视域下的大学生心理健康教育，主要阐述了坚持积极的心理健康教育原则、设立积极的心理健康教育目标、形成积极的心理健康教育合力；第五章为探寻积极心理健康教育的途径，主要阐述了构建积极心理健康教育课程、丰富大学生积极心理健康教育活动、加强大学生积极心理健康教育宣传；第六章为开展大学生积极心理健康辅导，主要阐述了大学生心理健康辅导的意义和策略、大学生积极团体辅导的开展、大学生积极心理咨询的开展。

本书在撰写的过程中，借鉴了国内外众多相关的研究成果，在此对相关学者、专家表示诚挚的感谢。

由于本人水平有限，书中有一些内容还有待进一步研究和论证，在此恳切地希望各位同行专家和读者朋友予以斧正。

目录

第一章　绪论 ··· 1

　　第一节　大学生心理健康教育的定义和内容 ················ 1

　　第二节　积极心理学在高校发展的意义 ···················· 20

　　第三节　大学生积极心理健康教育的基本理念 ·············· 24

第二章　积极心理学的理论基础 ····························· 34

　　第一节　积极心理学的主要观点 ·························· 34

　　第二节　积极心理学的理论依据 ·························· 47

　　第三节　积极心理学的基本内容 ·························· 52

第三章　大学生心理健康教育现状与发展 ··············· 63

　　第一节　高校大学生心理健康教育理论指导与概况 ·········· 63

　　第二节　积极心理学与传统心理健康教育方法的比较 ········ 95

　　第三节　积极心理学对大学生心理健康教育的意义 ·········· 97

第四章　积极心理学视域下的大学生心理健康教育 ······ 99

　　第一节　坚持积极的心理健康教育原则 ···················· 99

　　第二节　设立积极的心理健康教育目标 ···················· 103

　　第三节　形成积极的心理健康教育合力 ···················· 107

第五章 探寻积极心理健康教育的途径 ……………………………… 128

　第一节 构建积极心理健康教育课程 ……………………………… 128

　第二节 丰富大学生积极心理健康教育活动 …………………… 134

　第三节 加强大学生积极心理健康教育宣传 …………………… 140

第六章 开展大学生积极心理健康辅导 …………………………… 145

　第一节 大学生心理健康辅导的意义和策略 …………………… 145

　第二节 大学生积极团体辅导的开展 …………………………… 151

　第三节 大学生积极心理咨询的开展 …………………………… 163

参 考 文 献 ……………………………………………………………… 171

第一章 绪论

高校开展心理健康教育有利于增强大学生的身心素质，有利于形成系统的人才培养体系，有利于做好大学生的思想政治工作，对于全面提高大学生综合素质具有重要意义。本章分为大学生心理健康教育的定义和内容，积极心理学在高校发展的意义，大学生积极心理健康教育的基本理念三个部分。主要包括大学生心理健康教育的相关定义、特点和内容，积极心理学满足高等教育内涵式发展、完善高校心理健康教育体系、提高人才培养质量等对高校发展的意义，大学生积极心理健康教育的心理育人、多学科融合、积极的教育、全程教育理念等内容。

第一节 大学生心理健康教育的定义和内容

一、大学生心理健康教育的相关定义

（一）心理健康

1. 心理健康的定义界定

心理健康的研究是在医学、心理和社会现象等各方向都有涉及的综合定义。从不同的方向及角度去诠释心理健康，会有很多不同的定义。

心理健康是个体适应正常或良好的一种状态，适应是个体在与周围环境的互动中，通过不同的调节方式和调节系统作出主观的、能动的、自觉的反映，以使主客体之间保持一种平衡的状态。这里需要注意的是，平衡并不是绝对的，个体不能时时刻刻保持一种平衡的状态，也不能一直处于一种不平衡的状态。只能在平衡与不平衡无限转化的过程中寻求自身的生存与发展。所以，个体的适应包含着更多的生存与发展。个体健康主要包括 3 个部分，分别是身体健康（生理健康），心理健康（健康的心理状态）和社会适应能力良好（环境适应能力强）。当人们

对物质的基本需求感到满足时，将会开始寻求精神世界的实现，尤其表现在对心理健康的关心和注重，积极健康的心理状态有助于个体更好地适应现实社会生活。

关于心理健康这一话题，各个学界都有所涉猎，不管是医学领域，还是社会学领域，都对心理健康研究比较重视，但由于各领域学者的研究背景不同，研究目的和研究内容也各不相同，因此关于心理健康的定义也存在一定差异。心理健康的定义最早由西方学者提出。1946 年，世卫组织指出心理健康是指心境达到一个最完美状态，包括潜力的最佳发挥。马斯洛通过研究认为，心理健康的人会自我实现并且会充分发挥个人天性。马斯洛指出心理健康共包括 10 条标准，其中就有注重基本需要的满足和人格的完整和谐。《简明不列颠百科全书》中提出：心理健康虽然不是个体发展过程中最完美的表现，却是最佳状态。国内心理健康的概念一直处于积极讨论中，但是尚且没有一个统一的内涵，概括起来，主要包括以下几方面：心理健康是指个体身体和心理各方面都处于健康状态，能最大限度地发挥自身的潜能，保持健全的人格，能积极主动地适应社会环境，合理处理人际关系，保持积极乐观的心理状态，并表现出相应的稳定性和协调性。

国内外研究中，心理健康定义多为在认知、情绪情感、意志、行为四方面的描述性定义，与之匹配的心理健康标准也由于受到文化差异和个体差异的影响，具有复杂性、差异性。评价标准主要依据包括当事人主观纵向自评、研究者理论与实践经验判断、社会适应标准、统计学常模标准。此外，不同领域标准侧重有所不同：人格心理学领域出于心理治疗的目的，侧重心理健康中自我统合、社会兴趣、现实一致性以及可持续成长能力等方面；教育学领域出于促进学生全面发展与终身学习的教育目的，侧重矫正学生在学习过程中由于心理失调而产生的行为偏差，强调个体自我和谐、自我悦纳，通过主动调控，提升自我实现的能力。

心理健康的定义：在与周围环境的相互作用中，个体能够客观认识自我、正确悦纳自我，通过不断的自我调整，从而保持生理上、心理上的正常或适应良好的一种持续发展的心理功能状态。心理健康是一个动态的过程，它并不是一成不变的，心理健康受环境变化、生理因素、个人经历的影响，通过正确有效的干预调整，心理状态可以从亚健康向健康进行转变，心理健康需要同时满足个体的需求和社会的需求，在个人需求与社会需求达到统一时，才能保持健康的心理状态。

2.心理健康的判断依据

心理健康是一种积极且持续的心理状态，在这种状态下，个体往往能够保持良好的适应能力。对于心理健康状况的划分，大致有以下三个等级，即常态（正常）、轻度失调、变态（异常）。心理健康判断依据有以下几点。

（1）依据统计学上的常态分布

这一依据是以正态分布理论为基础，通过对个体的心理行为与某一人群的平均值进行比对来判断其心理健康与否，例如，个体的智力水平与同年龄阶段智力平均值相差不大，即为智力正常。除了智力以外，个体的性格、情绪特征等心理品质也都可以作为差异的维度。我们可以假设用一把能够衡量上述维度的尺子，对全民的心理健康状况进行测量，结果必然是多数人的测量值都汇集在这一测量尺的中段范围，越往测量尺两端人数越少。根据常态分布的理论，我们可以把多数人所具有的心理状况，即测量尺的中段范围看作常态，而偏离这一范围的看作异常。导致异常现象发生的有两种可能：一是心理健康状况优于多数人，二是心理健康状况不及多数人，后者通常被视为有心理健康问题。

（2）依据社会学上所论述的社会准则

这一依据以大多数社会成员共同接受并遵守的行为标准为前提，把符合社会规范的行为视为健康行为，反之则看作是异常行为。例如，个体在社会生活中适应良好。把社会准则作为标准，来衡量个体的心理健康状况，主要就是看个体的行为是否符合或偏离社会公认的行为规范。如果一个人的心理状态异常，这一异常呈现在行为上自然是偏离社会行为常规的，如偷窃、自杀、逃课等。但由于社会准则并不是完全明确一致的，所以这一标准也有难以贯彻到底的弊端。例如，我们经常会在生活中或是网络上看到类似于"路人遇难，围观者众多，无一人施救"的现象，这并不能说明那一两位不顾自己安危向陌生人伸出援手的救人者心理不如众多看客健康。这一事例是把多数人的行为准则作为参考标准可能会导致的，因为大多数人的选择并不总是代表着健康，同时，这也是以社会准则为依据的判断标准未能解决的问题：存在心理问题的个体的行为必定偏离社会准则，但偏离社会准则的个体却并非都存在心理障碍。这一问题也是在运用心理准则进行测量时需要注意的。

（3）依据生活适应状况

这一依据是以个体对日常生活的适应情况为基础，例如，解决各种人际交往问题。从个体对生活的适应与否来测量心理健康状况，主要是看在环境条件较为稳定以及有所变化的情况下，个体能否有效地发挥其心理机能，及时进行自我调整，通过不断调整行为以适应环境，从而逐渐满足其自身对于生存发展的需要。这一依据的弊端在于具体实施过程中，容易受到评价者的主观影响，难以做到绝对客观。

（4）依据个人主观经验

这一依据是以个体的主观感受为前提。被评价者的主观感受主要包括个体的幸福感、快乐程度、满意度等。由于被评价者的主观感受不具客观性，所以以它为依据来判断心理健康状况的方法往往不能作为一个完整、自定且客观的独立标准来使用，而是常用作辅助标准。这一依据不能单独使用还有一个原因，即真正可以感知到心理痛苦的人，往往都是心理状态较为稳定、情绪波动基本正常的人。这些人通常不会有心理问题，即使出现心理障碍，也多为轻度障碍。以患有精神障碍的病人为例，神经衰弱的患者对于痛苦的感知可能是这一大类患者中最为强烈的，反而是一些重症精神病人，非但没有自觉痛苦，还充满了愉悦感。

（5）依据医学上的症状呈现

这一依据是以医学症状呈现为前提的，表现出心理疾病症状的则被视为心理不健康。个体的生理和心理是相互作用的，部分心理障碍是个体的大脑或躯体发生病变所导致的，这一类异常变化可以被医学检测到。结合患者的体征、临床症状以及身体机能检查结果，可以有效地判断其心理障碍及产生缘由。需要注意的是，这一依据不能单独使用，需要配合其他标准共同操作。

（6）依据心理成熟与发展水平

这一依据是以个体的心理成熟及发展的状况为基础，例如，身心年龄相适应。个体的心理状态如果超前或是滞后于其生理年龄，则不排除是心理障碍所导致的身心年龄错位现象。这一依据仅可作为参考，不能用作决定性标准。

以上六种方法便是判断心理健康状态的依据，在实操环节中，不能仅依据某一种方法，必须结合上述各项依据进行多维诊断，确保诊断结果的客观性及正确性。

3. 心理健康的内涵及结构

心理健康所涵盖的范围非常广泛，最初学界对于心理健康的理解多采用症状取向；随着积极心理学的兴起与发展以及研究的不断拓展与深入，积极取向的心理健康理论应运而生。目前，越来越多的学者认为，应该同时从症状取向和积极取向两个角度入手，探讨心理健康的二维结构。奥地利著名精神分析学家梅兰妮·克莱茵（Melanie Klein）在《论心理健康》一文中曾经写道："成熟的情绪、坚韧的性格、处理冲突情绪的能力、内在生活和适应现实之间的平衡，以及人格的不同部分成功地结合成一个整体。"

（1）症状取向的心理健康

心理健康最早采用症状取向，更加关注个体的异常问题表现，认为没有心理问题即为心理健康。这种取向的产生，一方面是受到用症状取向定义"健康"的影响；另一方面是由于心理问题、心理障碍的患病率日益增高，对日常生活的影响日益凸显，成为健康卫生领域关注的焦点之一。越来越多的人受到焦虑症与抑郁症的困扰，与压力相关的躯体化症状也逐渐增加。心理问题产生的相关费用支出，已成为家庭各类经济支出的前三名。心理问题对生活产生的消极影响逐渐显现，使得公众对心理健康的关注焦点顺理成章地集中于症状表现方面。抑郁情绪和焦虑情绪是两类典型的消极心理表现，此外，躯体化症状、创伤体验等也是常见的心理问题症状，情况严重者可能出现自伤或自杀行为。大学生不仅承担着一定的学业压力，同时还面临学习模式转换、新环境适应、未来生涯发展等诸多全新挑战。焦虑情绪往往产生于个体面临的压力超过自身的承受范围时，会降低个体的社会适应能力，严重时甚至产生心慌等生理症状表现。躯体化症状的主要表现为，频繁出现身体不适，且医学检查无法发现对应的生理疾病。存在躯体化症状的个体，其身体不适往往不止一种，并经常发生变化，常见的有头疼、睡眠问题。

因此，症状取向的心理健康将健康视为没有残疾、没有疾病、不早逝，聚焦对心理疾病的分类、发生、发展、转归、治愈等方面的研究。为了更好地研究心理疾病，心理学家们制定了系统的诊断体系。在各个国家中，较为常用的有《国际疾病分类》《美国精神疾病诊断准则手册》等，我们国家也发展出了自己的精神疾病诊断标准——《中国精神障碍分类与诊断标准》。与此同时，在病理学的基础上，也发展出了各种心理测评量表。目前在中国的精神科室中所用的心理测评量表大致可以分为三类：人格量表、专项评定量表和综合评定量表。其中人格评定量表主要包括：明尼苏达和艾森克人格评定量表。专项评定量表包括：抑郁、焦虑、强迫、多动症、家庭环境、家庭功能等量表。综合评定量表包括：90 项症状自评量表和自测健康评定量表等。

症状取向的心理健康测量，常用的工具包括：症状自评量表（SCL-90），分为 9 个分量表，涵盖强迫、恐怖、焦虑等典型心理症状，共 90 题；明尼苏达多项人格问卷（MMPI），包括 10 个临床量表与 4 个效度量表，共 550 题；简明症状量表（BSI），涉及对 53 种心理症状的评估，共 53 题；心理健康诊断测验（MHT），主要适用于中小学生，评估学生焦虑情绪的具体内容及后续的行为表现，包括 8 个内容量表，共 100 题；Beck 抑郁量表（BDI），对抑郁心境进行评估，共 21 题。

（2）积极取向的心理健康

积极取向的心理健康认为，是否存在心理问题并非衡量个体心理健康的标准，个体在主观幸福感、自我实现、生活满意度与自我成长等积极方面达到一定的水平，才是真正的心理健康。虽然积极取向心理健康的流行晚于症状取向，但早在公元前 6 世纪，古希腊人已开始对"幸福"展开讨论。2004 年，世界卫生组织将心理健康阐述为一种幸福的状态，具体而言，一个心理健康的个体，能够肯定自己的能力，应对正常的生活压力，有效率地工作，并可以将一部分精力用于帮助他人。积极取向心理健康的提出与积极心理学的诞生与发展密不可分。积极心理学关注个体的积极情绪、积极性格特征与支持性因素，而在此之前，心理学的理论与研究均集中在如何理解消极状态的产生以及如何缓解甚至消除消极状态，如焦虑、偏见等。和平稳定的环境与相对繁荣的经济，使得人们对心理健康的追求不再局限于消除问题症状，而是转向对马丁·塞利格曼 (Martin E.P. Seligman) 提出的"生活最高品质"的追求。

在积极取向的心理健康研究领域，主观幸福感是最具代表性的研究变量之一。传统的幸福感研究主要分为两类：享乐主义与实现主义。享乐主义的主观幸福感，侧重于纯粹的愉快，认为体验积极情绪、减少痛苦感受即为幸福；实现主义的主观幸福感，侧重于生活的意义与自我实现，认为良好地适应社会、发挥自己的价值即为幸福。遵循上述两类研究传统，有学者提出主观幸福感的三个维度：情绪幸福感、心理幸福感、社会幸福感，分别描述主观幸福感三个方面的内容：积极的情绪、积极的心理功能、积极的社会功能。情绪幸福感是享乐主义的体现，不仅反映个体在日常生活中直接体验到的幸福、兴奋、充实、安宁等积极情绪，也包含个体对生活整体或某个方面的满足感。心理幸福感是实现主义的体现，表现为自我接纳，关注个人的成长，生活有一定的目标与方向等。社会幸福感也是实现主义的体现，由于个体的生存无法脱离所处的社会环境，因此，判断个体的功能性是否良好，不能仅仅考虑个体自身的发展情况，在社会环境中的表现也应纳入考量。社会幸福感表现为能承认并接受个体之间存在差异，相信每个人都有发展的潜力，对所处组织、团队等有归属感。

积极取向的心理健康测量，常用的工具包括：简版心理健康连续体量表（MHC-SF），包含情绪、心理、社会幸福感三个维度，共 14 题；幸福感指数量表（IWB），评估对生活的满意程度，共 9 题；牛津幸福问卷（OHQ），共 29 题；正性与负性情绪量表（PANAS）的正性情绪分量表，共 10 题；专门为学生开发的生活满意度问卷，共 7 题。

（3）综合取向的心理健康

综合取向的心理健康是指一种整体的心理状态，这种状态既包括积极的功能状态，又包括消极的功能状态，两种状态长期存在且相互独立。支持整体心理状态的三个理由：大量的实证研究表明心理健康和疾病两维度存在；更高水平的心理健康能够降低患心理疾病的风险；心理健康的提升同时有助于治疗心理疾病。目前学者普遍接受二维的心理健康模型，综合考虑症状表现与积极表现，认为这是两个独立的维度。据此，个体的心理健康水平可以分为四类：旺盛型（完全的心理健康）、衰弱型（不完全的心理健康）、症状型（不完全的心理问题）、糟糕型（完全的心理问题）。依次为高积极体验且无心理问题、无积极体验且无心理问题、高积极体验且存在心理问题、无积极体验且存在心理问题。

同时对症状取向与积极取向的心理健康水平进行测量，且避免题目过多，影响问卷填写的认真程度，可以采用临床结果评估量表（CORE）。该问卷包含主观幸福感、社会功能、问题症状、危机四个维度，社会功能维度包含亲密、能力、社交三个子维度，问题症状维度包含焦虑、抑郁、躯体化、创伤四个子维度，共

34题。其中，主观幸福感、社会功能维度可以反映积极取向的心理健康水平，且情绪、心理、社会幸福感三类均有涉及；问题症状维度可以反映症状取向的心理健康水平。

（二）大学生心理健康

1. 大学生心理健康的定义

广义的大学生心理健康是指大学生群体维持一种持续高效、精力充沛具有主观幸福感的心理状态。狭义的心理健康指的是大学生个体的心理一致性，包括心理过程与行为的内在协调统一，心理内容与客观现实世界保持统一，通过个体内外环境平衡互动中融入外部环境，以精神饱满态度和愉悦稳定情绪，不断地发展完善人格，提高生活质量，促进主体成长发展。

大学生心理健康是大学生心境发展的最佳状态，大学生心理健康不仅是没有心理疾病，更为重要的是要建立一种积极乐观、适应良好、能充分发展大学生身心潜能的丰富状态。

影响大学生心理健康的主要因素为学校自然环境、学校人文环境和人际关系。学校的自然环境指学校的建筑、设施景观、装饰绿化等物质环境；学校的人文环境则包括校园文化氛围、学校精神、校规校纪、教风学风等精神文化环境；人际关系主要包括师生关系和同学或同伴关系。大学环境作为微观系统，对大学生心理健康具有保护作用，大学能够改变其他系统对大学生作用的方向，使大学生的发展更依赖学校环境。然而，大学环境却是大学生心理压力的来源。大学生心理压力主要为学业压力、学校环境压力、情绪压力、择业压力和人际压力。

有学者认为大学生心理健康的标准包括自我认知、人际交往、现实一致性、生活态度、情绪控制、人格智商以及行为符合年龄特征七方面标准；也有学者将大学生心理健康划分为智力、情绪、意志品质、人际关系、适应改造现实、人格完善以及行为符合年龄特征七方面；还有学者将个体人格发展分为八阶段，认为心理健康的人可以积极处理人生所处发展阶段所要应对与解决的困境和危机，从而获得具有自我的优秀品质特征。对于大学生所处的人格阶段来说，应形成统一自我认知，在大学校园生活中通过建立亲密关系获得亲密感，避免孤独感，完成角色认同。

2. 大学生心理健康多维度标准体系

通过对国内外学者心理健康标准的研究，综合各种观点，并结合新时代大学生的特征，可总结出大学生心理健康多维度标准体系主要包括如下几个方面。

（1）大学生心理健康标准的基本心理能力

马斯洛在研究心理安全感这一课题时，对这一课题的表述为：在焦虑、恐惧等负面情绪的重压下坚持自我，从困境挣脱出来的心理状态，通常表现为自信、自由以及充足的安全感。同时，马斯洛也从多个维度，对安全感这一因素进行考察，通过对比安全感有无人群，得出结论：个体的行为和情绪很大程度上受到其心理安全感的影响，甚至还会影响个体的社会适应水平。随着社会的发展，新时代大学生面临的学习、工作等方方面面的竞争压力也都在随之增大，因此，抗压能力也是衡量大学生心理健康标准必不可少的一项。自主性是个体的动力，是个体自我实现的基本趋向，大学生正处于身心快速发展的时期，自主性对其心理健康的影响也不容小觑。美国著名的心理学家爱利克·埃里克森把"形成亲密感、避免疏离感"视为大学生所属的青年期个体发展的主要任务，所以建立亲密关系的能力自然也是考察项目之一。作为自我意识的重要内核，自我接纳是个体客观认识自我的前提，也是其健全人格形成的重要条件之一。大学生正处在对新事物极其好奇的阶段，他们接触了大量的新知识，其中自然包含了不少挑战，而能否以乐观的心态来面对这些新挑战，也能反映出其心理健康的状态。

（2）大学生心理健康标准的内外协调适应

这一维度主要从个体人格、人际关系、社会适应等方面出发。这一维度所反映的大学生心理健康标准和"二维适应论"类似，即个体心理健康标准就是个体适应正常或良好。

目前对于心理健康标准的研究，大都强调个体性和社会性的统一，这两者看似互相对立，实则密不可分。个体和社会是互相包容、互相支撑的，社会是由不同个体组成的社会，而个体则是社会中的个体。这一观念也正和内外协调适应相呼应，对于个体心理健康状况的衡量不能只考虑单方面，而是要兼顾内外。从个体内部状况出发，心理健康的人往往心理机能健全，人格结构完整，生活态度积极，能自觉满足自我需要；从外部关系出发，心理健康的人行为自然符合社会约定俗成的行为规范，能和他人以及社会保持亲和关系。

（3）大学生心理健康标准的情绪稳定

情绪是否稳定是衡量心理健康的核心标准。大学生正处于从学校到社会的过渡期，由于接触新事物数量激增，可能会导致情绪波动，而发生在他们身上较为严重的心理问题，也都是以情绪波动为诱因的。可见情绪对个体心理健康极为重要，它是个体心理健康的指标，同时也是极易被察觉的外显表现。

（4）大学生心理健康标准的角色与功能协调

对自我角色的正确认知是个体与其社会身份相符合的行为方式及相应的心理状态。个体在扮演自身角色的过程中，极易产生认知方面的冲突和障碍。对于大学生来说，初入大学校园，在适应角色转换的过程中，他们内心的期望和不断变化的外界条件，难免会发生冲突。一旦不能妥善处理，就会使其心理冲突加剧，产生心理失衡，更甚者还可能会有并发心理疾病出现。除了作为社会公民的基础要求外，社会还对大学生寄予厚望，期望他们成为全面发展的高层次人才。而大学生也希望自己能够满足社会期望，并以此为基准，来规划自己的实践生活。然而现实不比理想，现实中的"00后"大学生由于其自身条件，包括心理状况、思想意识、个人能力等方面的差异，导致他们的实际角色和理想状态之间难以避免会存在差距。大学生与自身扮演角色的和谐，不仅表现出他们对自身的正确认识，更体现了他们心理健康的社会属性。因此，角色与功能的协调是大学生心理发展的重要一环，同时也是其心理健康状态的高层次要求。

（三）大学生心理健康教育

心理健康教育包括学校、家庭和社会的心理健康教育。基于大学生心理健康教育属于学校心理健康教育，这里着重定义学校心理健康教育。学校心理健康教育定义的形成经历了一个相当长的探索时期。经过努力，目前学校心理健康教育体系已初步形成。我国学者姚本先教授认为："学校心理健康教育是根据学生生理、心理发展特点，运用有关心理学的理论、方法和手段，预防学生心理问题，增进学生心理健康，培养学生良好的心理素质，促进学生身心全面和谐发展和素质全面提高的教育活动。"[①] 陈家麟教授在《学校心理健康教育：原理、操作与实务》中提出："学校心理健康教育是以心理学的理论和技术为主要依托，并结合学

---

① 姚本先．学校心理健康教育新论 [M]．北京：高等教育出版社，2010．

校日常教育、教学工作，根据学生生理、心理发展特点，有目的、有计划地培养学生良好的心理素质，开发心理潜能，进而实现学生身心和谐发展和素质全面提高的教育活动。"叶一舵教授认为："心理健康教育具体是指教育者根据学生的生理、心理发展特点，运用心理学、教育学及其相关学科的理论与技术，通过心理健康教育课程、心理健康教育活动、学科渗透、心理辅导与咨询以及优化教育环境等有关心理健康教育的途径和方法，帮助学生解决成长过程中的心理问题，促进全体学生心理素质提高和心理机能健康发展的一类教育活动。"[1]

综合以上观点，高校心理健康教育就是指教育者根据大学生身心发展特点，运用多样化的教育方式对大学生心理施加有目的、有计划、有组织的影响，从而促使他们自主地接受这种影响，使大学生的知、情、意、行等方面在本身和环境条件许可的范围内达到最佳功能状态的全部实践活动。

大学生步入大学校园的这一阶段对大学生而言是个重要的人生阶段，这个阶段是大学生生理及心理都快速发育和发展的过渡期。因此，大学生的心理健康教育问题无论是对大学生的学业成绩，还是校园生活都有着重要的影响作用。

高校心理健康教育要培养学生良好的心理素质、积极的心理品质和心理健康素养，而不只是针对有心理障碍的学生，也不只是关注部分学生。为此，在心理健康教育工作中，既要从学生自我意识运行的心理机制着手，使学生积极开展自我管理、自我教育、自我完善，又要对个别学生关于自我意识的矛盾和偏差给予充分的重视和关怀；既要坚持对大学生理想信念的引导，又要在树立正确理想信念的同时引导学生学会心理调适的方式。对于大学生中人格不完善的同学，予以高度重视，在学生学习生活的过程中通过榜样示范、启发教育等方式实现健全人格的培养。通过培养适应性强、抗挫性强、独立、自尊、负责、积极的良好心理素质，引导大学生在生活中拥有积极、健康、向上的品质和崇高的理想信念与社会主义责任感，促进学生素质和心理健康素养全面提高。新时代大学生心理健康素养的内涵不仅仅是对心理健康状态的简单评定，更是要符合社会发展规律，同时兼顾民族文化传承及个体发展需求。因此，关于新时代大学生心理健康素养内涵的探讨，我们可以以当下的国情为基础，从以下三个方面着手研究：社会发展、文化传承、个体进步。首先，社会责任感是心理健康素养的核心。时刻心系社会

---

[1]　叶一舵.心理健康教育与德育的关系[J].广西社会科学，2002（02）：210-211.

进步，为国家发展贡献自己的一份力。社会进步可分为政治、经济、文化三个维度，社会进步的过程中，对个体也有着良性影响。政治的进步重在解放思想，把个体从陈旧迂腐且已不被新时代所接纳的观念中解救出来，引导个体专注自身，不断增强自我意识；经济的进步重在摆脱生存需求的束缚，引导个体更多地关注他人，在经济落后的年代，个体对于生存的需求决定了其在社会关系中必然过分注重财富的得舍，而随着经济的发展，个体在社会交往中呈现出互相体谅、互相理解的状态；文化的进步重在肯定自我价值，早期人们极易对高位者产生盲从，并不断质疑自身存在的意义，而文化发展的过程，也正是个体在征服、利用自然的同时不断进行自我肯定、自我调整的过程，通过这一过程达到自我实现。社会进步对个体发展的积极作用并不局限于对个体与外界共生关系的认识，同时也涵盖了健康、良好的社会关系，包括人际交往、人与生态等方面。我们国家以马克思主义为指导，找到了适合我国国情的前进道路，而这正是我们社会进步的方向。邓小平曾说过："我们之所以选择社会主义，是因为社会主义是我们整个民族能走的路。而社会主义的发展，落到实处还是要紧抓生产力，在确保社会生产力稳步发展的前提下，为人民提供更好的物质、精神生活。"中华人民共和国成立以来，坚持社会主义道路所带来的方方面面的巨大变化，无一不是社会主义优越性的证明。因此，社会责任感应该作为新时代大学生心理健康素养的核心。其次，对民族文化的认同和传承是心理健康素养的重要维度。受不同文化背景影响，处于不同社会环境中的个体所具有的行为模式及心理特征都呈现出独特的民族印记，而我国悠久的历史文化自然对全体国民都有着潜移默化的影响。中西方文化存在较大的差异，以对病痛的表述为例，对于外显形式相同，或是同属一类的疾病，我国文化中常常有更细化的分类，像是感冒这一极为常见的病症，也会分为风热、风寒两种类型。有学者以亚裔为研究对象，对其心理健康问题做过群体性分析，研究结果表明：受西方文化影响较小的亚裔群体，更偏向于与文化相关的症状；受西方文化影响较大的亚裔群体，更多呈现出西方心理问题类型。这一研究也指出了亚裔群体心理健康状况与对异文化适应程度有所关联。我国独特民族文化产生的对于健康、疾病的定义，无不呈现我们的民族特性，同时，我们的民族文化也会对心理问题的外显形式有所影响。因此，处于这一独特民族文化之中，对于民族文化的认同和传承必然是心理健康素养的重要层面。最后，追求多方面、多维度的自由发展。投身于社会进步事业之中，并在社会发展中不断进行自我提升是心理健康素养的重要内容。人的本性大致都是相通的，对于美好的追求是个体成长中必不可少的因素，与此同时，个体也在不断追求自我提升，通过充实自身来达到自我实现。这一点和自然界中的植物成长也有相同之处，就像是种子期待发芽、结果一样。个体对自我成长的追求不仅是人的共性，同时也是符合实践价值的。个体存在于社会关系之中，通过劳动实践来寻求自我成长，而个体的成长往往是在一定时间段发生积极的变化。因此，个体追求全面、自由的发展也是一种成熟、丰富的心理健康状态。

二、大学生心理健康教育的特点

大学生心理健康教育能够提高学生的心理素质，促使学生身心健康和谐发展，与高校教育的特征有密切关系。大学生心理健康教育具有基础性、全员性和针对性的特征。

（一）基础性

大学生心理健康教育的基础性是指它具有进行其他教育的基础的属性。首先，大学生心理健康教育的目的是促进大学生身心健康和素质的全面发展，从这个意义上来说为高校教育提供了坚实的生命基础。生命不仅为教育的进行准备了必要的生物基础，也为人社会性的发展提供了可能性，在生命的前提下人的社会性得到充分的挖掘，对更高水平的精神追求也只有在满足生命的条件下才有实际意义，心理健康教育作为教育的生命基础对人的社会属性以及精神追求给予了更多的关注。心理健康教育不仅涵盖了生活、生命、观念等方面，并且通过构建、运用、建设心理危机干预系统促进生命系统健康地运转，减少、减缓各种心理疾病的冲击，尽量避免因人格缺陷而对生命产生威胁。其次，大学生心理健康教育承担教育的非智力部分，大学的主要任务是"育人"，这个人是有感情同时有思想的人，而不是拥有很强能力和很高智商但是缺乏感情、缺少灵魂的人，大学生心理健康教育承担了大学生人才培养中非智力的部分。

（二）全员性

大学生心理健康教育的全员性是指它具有教育的主体和客体全体成员参与的

属性。

首先，心理健康教育具有主体全员参与的属性。高校的心理健康专职教师在学生日常的学习生活中承担着知识技能教授、价值观念引导、心理危机干预的直接责任，各学院辅导员以及其他专业课教师也同样承担着心理健康教育的责任，各类行政管理人员以及必不可少的后勤服务人员由于与学生的生活联系紧密，也理应加入心理健康教育主体的行列中。毫无疑问，专职教师应该成为大学生心理健康教育主体的主心骨，他们有着心理学相关的专业知识和技能，能够帮助大学生形成良好的心理素质。辅导员作为学生日常管理工作的主体，需要具有心理健康教育的知识储备以及关照学生心理健康的能力。管理服务人员也承担着组织和参与高校心理健康教育的责任。

其次，大学生心理健康教育具有客体全员参与的属性。大学生心理健康教育的目的是使大学生在接受心理健康教育的过程中，深刻地理解、能动地运用心理健康知识和技能解决未来可能遇到的各种心理问题，是为大学生能够在遭遇挫折困难时开展主动求助、自我救助、互相帮助赋能，培养大学生对生活充满期待和热爱的心理品质。

（三）互动性

大学生心理健康教育互动性是指教育主客体相互作用的属性。

首先，在心理健康教育中，大部分学生的问题集中于家庭、人际、学业等现实困难中所引发心理问题，障碍性问题只占非常小的一部分。互动性在心理健康教育中表现在教育主体和教育对象在实施心理健康教育和接受心理健康教育的双向过程中建立了密切的联系，形成了双向的互动关系。建立双向的互动关系有利于形成心理健康教育主客体的交流，在交流中帮助学生解决问题。

其次，也是助人自助价值的体现。心理健康教育的过程，不止包含教育，也包含了教育者及受教育者之间互动的过程。在教育过程中，无论是讲授还是倾诉等，都可以建立稳定的互动关系，在这种稳定关系中，可以提高学生的主体意识，一方面帮助学生提高解决心理问题的能力；另一方面老师也会在帮助他人的同时强化自己的互动性。这不只是一种理解，或者接纳，还包括在解决问题的过程中，增强独立思考、独立缓解压力、增强心理素质的能力。

三、大学生心理健康教育的内容

大学生心理健康教育的对象特指高校大学生群体，学界对于大学生心理健康教育内容的探索主要有以下两种代表性观点：第一种观点以学生心理疾病的预防矫正和心理素质的培养为脉络，构建大学生心理健康教育内容体系。有学者将大学生心理健康教育工作内容概括为：优化学生心理素质，善用心理教育引导，利用良好环境的熏陶，培养学生良好的心理素质，使学生有充分的心理准备迎接现实挑战；预防心理疾病，通过心理教育使学生了解基本的心理保健知识，了解心理疾病预防的知识，培养学生抗挫能力。第二种观点以促进大学生全面发展为脉络，构建大学生心理健康教育内容体系。大学生心理健康教育的目标不仅是使处于偏离状态的学生回到正常生活轨道，而且要帮助学生发掘自身潜能，使学生心理素质提高，重点在于大学生的全面发展。大学生心理健康教育的任务是促进大学生全面发展，这里的全面发展重点是学生心理素质的发展优化，而不仅仅是消极地帮助学生排除心理障碍，在内容上应该重视"发展性"。

（一）学习方面的心理健康教育

学习可以说是大学生生活中的重心，占据了他们大部分的时间和精力，正因为如此，大学生最关心和最感困惑的还是学习问题。大学生普遍拥有一种昂扬向上的心态，学习动力和学习潜能有一定的激发，但无形之中也会有学业的心理压力，滋生烦闷、焦虑等负面情绪，尤其是当制定的学习目标过高，通过多次努力仍不能实现，更容易产生焦躁的心理甚至是自我否定。因此，学校就必须要加强大学生学习方面的心理健康教育，包括对学习习惯、学习情绪、学习技能的心理辅导和教育等。通过学习方面的心理健康教育，解决大学生学习期间存在的各种心理困扰，引导大学生养成良好的行为和学习习惯，高效率完成学习任务。

（二）生活方面的心理健康教育

第一，自我意识。自我意识的最高级表现是自我教育。自我意识是个体人格构成中最核心的部分，是人格健全的基础，在人的意识行动中占据主导地位，起着关键性作用。因此，自我意识中的自我评价、自我体验、自我控制、自我监督等机制，便构成了自我教育的心理机制。自我意识发展程度高的个体，具有清晰的自我认知和客观的自我评估能力，能正确处理个人与个人、个人与他人、个人与社会的各种关系。大学生群体的自我意识趋于稳定，但尚未完全成熟；自我评价能力提高，但有片面性倾向；情绪会左右自我认识、自我评价；自我控制、自我教育能力有很大进步，但仍存在不足之处。因此学校需进一步培养大学生良好的自我意识，提高对自己的认知，增强自我体验，加强自我调控，学会恰当的自我展示，追求自我完善与发展。

第二，情绪情感。情绪、情感作为人类重要的心理活动形式，往往能够折射和表征心理健康状况。部分大学生情绪波动较大，不良情绪积累过多，究其深层次的原因可能是心理出现了问题，也可能是现实生活中的压力或生活中遭遇突发事件的刺激。大学生不良情绪主要表现为如下方面。

（1）忧郁。大学生的自卑心理、孤独感、失落感都会导致忧郁情绪的产生，表现为经常性的情绪低落、忧心忡忡、心理烦躁、悲观失望、灰心丧气等。他们消极地看待世界、自我和未来，还可能出现身体乏力、睡眠方式改变、饮食紊乱等情况。

（2）焦虑。焦虑是大学生最常见的情绪状态，当在学习生活中遇到挫折或担心需要付出巨大努力的事情发生时，就会产生这种情绪。适度的焦虑可以使大学生保持一定的紧张状态，集中注意力，促进学习，但过度焦虑会对大学生产生负面影响。

（3）愤怒。愤怒是大学生常见的一种负面情绪，精力充沛的大学生往往容易激动和动怒。这个过程可能伴随着心跳加快和心律失常，同时也会削弱甚至丧失个体自制力，造成思维障碍、行为冲动，甚至会做出一些让自己后悔的蠢事，或造成不可逆转的损害。

（4）嫉妒。嫉妒是自尊心的一种异常表现，当看到他人在某方面超越自己时，便会产生不平、愤懑之感。当别人遭遇不幸或身处困境时，他们会幸灾乐祸，甚至落井下石。这是一种情绪障碍，有碍于人与人之间正常真诚的交流。

（5）冷漠厌倦。冷漠表现为情感萎缩、知觉迟钝、缺乏热情和激情，对所有人漠不关心。厌倦是对现实、生活的不满，对任何事情都不感兴趣，莫名的焦虑、无端的抑郁，往往伴随着悲观和厌世心理。

（6）紧张。它主要反映了个人对外界的主观恐惧以及对不确定的未来及命运的担忧。表现为心慌不安、心跳加快、胸闷和呼吸急促；思维混乱，行为紊乱；遇事惶惶不安、郁郁寡欢。

（7）胆怯敏感。表现为凡事胆怯，言行紧张；在人际交往中过分强调他人对自己的评价和看法；感觉前途未卜，终日忧心忡忡。

（8）逆反。对人或某些事物产生厌恶、反感情绪，表现为对领导和老师有偏见，情感上与他们对立，不接受教导与要求，故意与教师抵触对着干。

（9）厌学。学习积极性不高，主动性不强，缺乏耐心和学习动力，懒惰，考试存在侥幸与投机的心理。

（10）自责。部分大学生对自我要求严苛，求胜动机强，在某个目标没有达成或某件事情搞砸后，会把攻击指向自身，流露出内疚和自责的情绪。

大学生情感心理动荡，喜怒无常，时好时坏，不够稳定。长期的不良情绪会产生一连串连锁反应，可能会对大脑产生一系列的负面影响，引发记忆力减退，注意力不集中，使其自制力、学习效率降低，对任何事情都提不起兴趣，容易出现心理烦躁、紧张、抑郁、焦虑等症状，严重者会做出某些不理智的行为。也可能使大学生身体机能免疫力减弱，诱发各种疾病。因此，对大学生进行情绪方面的心理健康教育时就要认识情绪管理。

在进行情绪管理时，首先就是要了解情绪波动的来源，要对情绪管理有一定的认知能力；其次就是对情绪进行有效管理，在认识并了解情绪后，采用科学有效的方法对情绪进行有效的调节及转化。情绪管理的最终目标不是简单地对情绪进行管控，而是通过情绪调节的过程增强自身体验，从而增强大学生的自我认同感，进而提高心理健康水平。国外的心理学者也对情绪管理与个体心理健康的关系进行了分析研究，通过研究发现个体在对自身进行积极的情绪管理时，自身的心理健康状况也随之有所提高。个体在实践中可以感知到更多的情绪体验，积极的情绪可以使个体的身心受到鼓舞，从而不会出现心理问题，如双向人格障碍、社交恐惧症及进食障碍等。个体对情绪的有效管理，对个体的身心健康、人际交往能力都有积极的影响，更有利于个体未来的长期发展。大学生正处于人生的转折期和快速成长期，情绪的特点具有波动性和两极性。当面临现实与理想差距、升学与就业迷茫、困难和挫折的打击、功利化价值观念的冲击时，他们随时会产生情绪的波动和起伏。教育者要通过引导学生对情绪的认知及调节，采用合理有效的思想教育与实践，合理准确地解决大学生心理问题。因此，情绪情感辅导就成为大学生心理健康教育的一项重要内容，旨在帮助大学生认识、接受和恰当地表达情感，掌握控制和发泄不良情感的途径，预防和科学地处理负面情绪、冲突情绪，并加强正面情绪。

第三，人际交往。良好的人际关系是心理健康的标准之一，还是社会的需求，是现代人追求成功人生的必备条件。大学生对于那些善于自我表达，能够在公开场合安然自若、侃侃而谈的老师或是同伴很是推崇和羡慕，希望自己也可以做到。他们渴望交流、理解，渴求得到社会的认同。但在现实中，部分大学生维系人际关系存在一定障碍，具体表现在：有的大学生由于自闭、孤傲或是冷漠等诸多因素影响，造成与同学、导师之间的关系不睦；有的大学生由于感情不顺，对异性产生恐惧、多疑、排斥等心理，自然而然和人打交道就会产生警惕和敌视；还有的大学生活动于宿舍、实验室、食堂的三点一线中，接触人群范围较小，易造成交往障碍。因此，人际关系辅导教育在大学生心理健康教育中显得必不可少，主要包括师生关系辅导、同伴关系辅导、异性关系辅导等。目的是培养大学生交往意识，掌握交往技巧，使大学生主动交往、善于交往、乐于助人，打破人际关系壁垒，构建和谐人际关系，最终促进学生个性发展，有利于学生心理健康。

大学校园作为异质陌生同龄人的聚集交往环境，是社会交往环境的缩影。大学生需要与朋辈及社会他人建立亲密关系，对抗孤独感，是大学生个体社会化的重要一步。寝室人际关系问题作为大学生最常见的心理问题之一，已成为大学生走读、休学、退学，甚至是寝室矛盾引发校园安全事件的首要原因。人际关系问题占据困扰大学生心理健康成长因子中的重要位置，而宿舍人际关系作为大学生校园生活不可避免又无法自由选择的外部环境最小单元，是大学生在校园中最重要的社会支持。宿舍环境将大学生的私人空间融于宿舍公共空间，易产生摩擦，导致宿舍人际冲突。

宿舍人际关系冲突不仅影响大学生心理健康水平与成长发展，也是引起大学生校园冲突事件的第一大问题。宿舍人际冲突存在于日常校园生活之中，并时刻影响着大学生的心理健康状况，需要大学生意识到这些负性宿舍事件对自身的影响，及时应对和理性处理。面对教育与技术深度融合的全媒体教育时代，人际交流互动能力不仅是 21 世纪必备技能之一，还是每个人适应时代嬗变，处理人际互动所应掌握的社会生活能力。对于作为国家未来合格建设者与优秀接班人的高校学生来说，通过主动的建设性回应方式进行宿舍人际相处的能力更是十分关键，宿舍人际关系直接关乎个体日常生活作息和学习体验，还关系到创新力、情绪调节和解决问题等认知能力与非认知能力的培养。把握大学生人际关系与心理健康的关系，有助于全面了解大学生心理健康现状与问题，通过积极探索建立大学生和谐稳定、积极乐观的宿舍人际关系的相关对策与建议，促进大学生自主完善人格，激发心理保健自我效能感。

第四，休闲教育。大学生学习任务紧，尤其是工科类大学生大部分时间待在教研室电脑前和试验仪器前面，做实验、写论文；文科类大学生以文献研究或理论研究为主，经常和文字打交道，使他们很难抽身去放松休闲。快节奏的生活模式，使其身心一直处于紧绷状态。因此，大学生阶段体育运动时间也相对较少，身体素质明显下降。大学生心理健康教育应重视闲暇辅导，培养学生的闲暇意识与态度，积极选择有利于自己的休闲活动，以提升自己的生活品质，获得轻松、愉快、充实的休闲人生，发展自己的才能和个性，并使整个生活得到升华。

（三）职业方面的心理健康教育

社会的高速发展也给大学生的就业带来了一定的压力，未来的工作和生活都充斥着不确定性，使大学生处于迷茫的状态；同时，随着新媒体的飞速发展，社会的多元价值观对大学生们的价值体系的养成也产生了巨大的冲击。大学生在面对这么多的变化、压力及挑战时，难免产生心理问题。同时，因为大学生心理问题所产生的种种恶性事件，也给学生、家长及学校敲响警钟。

随着年龄的增长、思想和学识的积累沉淀，大学生以期最大限度自我实现的愿望愈加强烈，前途发展问题成为他们时常思考且为之奋斗的内容。近年来，随着高校的扩招，毕业生数量不断创新高，就业市场呈现供求不平衡的严峻局面。这不免让大学生面对择业时过度恐惧和敏感，茫然无措，忧心忡忡。大学生职业心理辅导教育，主要是帮助大学生加强自我认知，树立合理的职业意识，并转化为成功的职业活动。具体来说，主要包括大学生职业规划与职业决策能力的辅导、明确个人价值取向和优劣势的辅导、加强就业择业能力的辅导等。加强职业心理辅导对于帮助大学生职业选择，促使其职业有步骤、有计划的发展，实现各方面的最优配置，推动社会发展具有重要意义。

第二节　积极心理学在高校发展的意义

一、满足高等教育内涵式发展

国家政府高度关注学生群体的心理健康教育问题，并颁布了一系列政策，以期充分发挥教育基本规律，进而推动人与社会的发展。2016 年审议通过的《"健康中国 2030"规划纲要》，2018 年多部门联合印发的《全国社会心理服务体系建设试点工作方案》等一系列文件均表明：心理健康作为健康的重要组成部分，已经成为人民群众的共同追求，受到各部门的持续关注，致力于推进心理健康融入所有政策，创造健康支持性环境，将心理健康教育纳入国民教育体系，使之成为教育阶段的重要内容。高校不仅仅授予学习者文凭，更希望毕业生具有健全的人格、积极的心理品质以及拥有与主流社会、用人单位企业文化相一致的劳动观，掌握沟通表达、解决问题、互动合作以及情绪调节等非认知能力，使之有更好发展前景，激发学生自身学习潜能和积极性，促进他们利用多种社会支持渠道获得多种信息资源，积极主动地学习，改善存在的学习拖延、低效沉闷甚至是不愉快的学习体验。高校应在积极心理学的指导下加强心理健康教育工作，重视满足大学生心理健康需求，培养心理健康的高质量人才。

二、完善高校心理健康教育体系

积极心理学应用于大学生心理健康教育，能够完善高校心理健康教育体系，为高校做好大学生人才培育工作，确保为党育人、为国育才目标的实现提供一定的理论依据。

首先，大学生教育是我国高等学历教育的重要组成部分，重视大学生心理健康教育对于培养和保护人才具有积极意义。一个国家的发展依靠技术创新，科技的进步依靠各个方面的优秀人才，高校是一个培养高端人才的孵化器，而大学生则是其中的主力。大学生心理健康状况的稳定与发展，使他们具有良好的心理素质，这不仅是对其自身健康发展的必然要求，也是对我国社会发展、科技创新的必然要求，也将直接影响到国家人才培养质量、人力资源有效保护等问题。

其次，有助于完善高校心理健康教育体系，构建平安和谐校园。学校心理健康咨询、辅导、教育等面向全体学生，心理健康教育针对大学生群体，原因在于对大学生的预期值较高，较高预估该群体的调控能力，同时大学生多选择自我消化，不愿主动诉说困难和情绪，以致该群体的心理健康问题往往被忽略。

最后，有助于大学生健康成长和全面发展。对大学生个人而言，积极心理学视域下的心理健康教育能够帮助他们形成正确的自我认知，积极自我教育和自我控制，排解不良情绪，同时可以寻求和借助外界的力量克服困难，形成良好的人际关系，营造良好的心理氛围，建设团结合作的大学生队伍，促进其身心健康发展，进而促使他们更好地投身学术研究和科研创新，提高学科实践能力，带动高校形成良好的学术氛围，助力国家科技进步、社会发展。

三、提高高校人才培养质量

"质量是教育的生命线"，学生的整体素质应当包括身体素质、心理素质、文化素质、政治素质等，而心理素质又影响着其他素质的形成和发挥。心理素质的提高不仅可以有效加强大学生的心理健康水平，还能为社会所需要的综合素质发展奠定良好的心理基础。健康的心理素质是学校教育质量的重要内涵之一，具备健康心理素质的学生才能全面发展、成长成才。积极心理学视域下，高校开展各项育人工作需要付出一定的人力物力，要将系统完整的育人理念贯彻到实践中，因此，要求在高校发展过程中调动所有积极力量，多方施策，共同发力。以积极心理学为基础建构大学生心理健康教育体系，能够充分发挥高校在教书育人、心理育人、管理育人、服务育人等方面的作用，有助于高校"立德树人"根本任务的有效实现，有助于学生心理健康水平的不断提升，更有助于学生综合素质的全面发展和提升。高校在发展过程中不断突破现实困境，开辟新时代高校发展的新境界，是高校培养符合社会发展高素质人才的必经之路。

应加快构建积极心理学视域下的高校人才培养体系，只有真正将高校心理健康教育工作落到实处，才能为大学生健康学习和生活提供良好的保障。传统以心理健康知识传授为中心的人才培养模式，忽视了对学生实际心理状况的了解，缺少了该有的人文关怀以及对学生良善美德的培养，导致学生无法及时有效地调节情绪，出现多种心理问题。不仅如此，学生的发展片面而趋同，无法有效促进学生在心理、智力、体力、才能、兴趣、品质等各方面得到全面、充分、自由的发展。高校人才培养中，虽有高校辅导员、社会、家长等作为育人因素都参与其中，但整体而言教育模式比较单一，教育方式存在趋同。这背离了新时代高校人才培养的目标，导致高校人才培养发展理念相对落后、人才培养模式相对陈旧、人才层次结构不合理、服务社会能力相对薄弱以及心理健康教育工作出现形式化、断层化等诸多问题。而大学生心理健康问题成因的复杂性、不同群体学生需求的差异性、各个育人要素应对策略的特殊性使得高校人才培养的途径和方法不能千篇一律。新时代，高素质人才除了要有知识、有学历、有能力，更需要具备健全的人格、高尚的品德、坚定的毅力，较强的适应能力和人际交往能力。只有充分具备了这些良好的心理素质，才能够适应社会和时代的发展，具备良好的心理素质和各项能力的提升是相辅而行、相得益彰的。大学生综合素质的培养是需要整合多种力量才能快速调适人才培养需求，适应社会的变化，从而促进大学生的全面发展。

在对当代大学生进行培养之前，我们必须充分把握新时代高校人才培养的任务，针对当代中国高校大学生的心理发展规律和成长成才规律，找准积极心理学在高校人才培养质量方面的内涵。当前高校人才培养的合作联动中，育人形式在逐渐多样化，育人途径也在日趋增多。就积极心理学视域下的高校心理健康教育这个体系来说，由于各要素之间、要素与体系以及体系与其外部环境之间将不可避免地出现认识、感情和利益的矛盾和冲突，因此，为了这个体系的稳定和谐、发展创新，协调管理也就成为必然要求。根据高校心理健康教育工作的实际需求，通过对学校系统的整体把握，就可对高校心理健康教育相关的教学、科研、人事、财务、后勤等具体事务进行有效合理的计划、组织、领导和控制。在高素质人才培养的发展过程中，我们要认真研究心理健康教育的供给、学校对心理教育的需求、学生个人对心理教育的需求以及它们之间的关系，另外，各育人要素之间应当加强沟通与合作，积极营造良好的合作共赢氛围，从而为有效解决大学生心理健康问题提供新思路和新方法，提高高校人才培养的质量水平。

四、加强高校思想政治教育工作

在积极心理学视域下的高校发展中，基于高校教育方针和培养人才目标的要求，我国一贯主张心理健康教育与思想政治教育相结合，要求把心理健康教育融入思想政治教育之中，并把心理健康教育作为思想政治教育的重要组成部分，构成整个思想政治教育内容的完整体系。

显然，心理卫生及心理健康教育已成为现代德育工作者关注的问题。但仅仅是关注还远远不够，我国传统的思想教育模式过于简单粗暴，直接把针对学生群体的思想教育活动等同于灌输、惩罚、强制等毫无个性需求的驯化，完全忽视学习者在学习过程中的个体能动性及不同个性特点。同时，重视世界观、人生观、价值观等重大问题的教育，而轻视对交友、恋爱、生活、健康等日常生活中具体问题的关注。然而，较高层次的精神追求也必然是建立在个体健全的人格以及积极、良性的心理健康状况之上的，一个心理变态的人是无法真正从社会实践中获得价值观、人生观的教育的，一个人格扭曲的人也难以长久地遵循社会约定俗成的规则。

实际上，个体三观的形成、发展与他在社会生活中的境遇密切相关，偶然的一次比赛失利或是朋友、恋人之间的争吵都可能引起情绪波动，更甚者会突发情绪障碍，这种情况就和大学生自身心理健康状况良好与否以及校方是否提供了心理健康问题前期预防、突发情况应急等措施息息相关。

部分高校把心理健康问题简单等同于思想政治工作，这显然是不对的，思想政治工作是高屋建瓴，而心理健康教育则是从个体细微之处入手，见微知著。因此，在积极心理学的指导下，高校把心理健康教育看作大学生德育工作的外援，二者相结合才能迸发出更大的力量。试图仅凭思想政治工作解决当代大学生所有心理层面的问题的观点和做法是脱离现实、不够全面的。思想政治教育有很强的阶级性和党性，而心理健康教育显然有许多不属于思想政治教育的范畴。可以说，心理健康教育关注的是作为活生生的人在社会活动中所表现的基本心理素质，而人的这些素质如何，将决定整个社会的现状和未来。

五、推动社会和谐发展进步

随着改革开放不断深化，我国各项事业取得了显著成就，面对全球经济的高速发展和综合国力竞争的加剧，我国就发展不断提出高标准和严要求，其中大学生作为国民教育中较高层次的群体，是创新科学技术、促进社会进步、引领时代发展的主力军。现代社会快节奏、高效率的冲击，不仅考验他们的理论基础和实践知识、解决实际技术问题和攻克难关的科技能力，以及行走在世界前沿的洞察力和创新力，还考验他们适应日益激烈的竞争和承受风险的心理素质。大学生群体代表了我国高等教育发展的最高层次，肩负着实现中华民族伟大复兴的历史使命，面临着来自内部和外部的各种压力，他们的心理健康教育会对自己乃至整个社会产生至关重要的影响，影响着社会稳定以及社会主义和谐社会建设进程。因此，高校大学生心理健康教育的积极开展，有利于其自身健康发展，保持乐观向上的生活态度，塑造良好的品德和个人素质，净化社会学术风气，调动学习与科研工作的创造性、积极性和主动性，调节和改善个体与内外环境之间关系，建设积极的大学生队伍，提高人才培养的质量，使大学生以严谨的学术视角对待各项工作，为进一步促进社会稳定发展、提高综合国力献力献智。

第三节　大学生积极心理健康教育的基本理念

一、心理育人理念

育人理念为我国大学生积极心理健康教育发展开创了新的局面，同时也顺应了心理健康教育发展规律。因此，在育人视域下开展大学生积极心理健康教育是符合心理健康教育客观规律的，同时也是促进大学生心理健康教育进一步发展的有效方式，为大学生积极心理健康教育的发展提供了新理念和新方法。育人理念关于育人主体、过程、方位的要求为高校进一步发展积极心理健康教育工作提供了新理念，对于大学生积极心理健康教育工作而言，全员育人有利于大学生积极心理健康教育形成育人队伍合力，全过程有利于实现大学生积极心理健康教育的连续性，全方位育人有利于增强大学生积极心理健康教育的全面性。

高校的心理育人工作经历探索、实施、完善的发展历程而形成了有组织、系统化的教育工作，党和国家历来极其重视高校心理育人工作，大学生心理育人是高校思想政治工作的重要内容，也是高校人才培养体系的关键环节。广义上而言，"心理育人"就是通过在学校讲授心理健康知识、进行心理健康教育、设置心理育人相关课程、丰富校园文化活动、完善心理服务管理等方式进行的育人活动。

狭义上，高校"心理育人"工作强调立足于学生的发展需要和生活实际，根据不同个体、不同阶段身心发展的规律和特点，选择和采用心理学相关理论、案例素材、设备仪器以及心理咨询、心理干预、心理辅导等灵活多样的方式方法，有目的、有计划地对受教育者进行正向的心理引导，帮助学生充分激发潜能、健全人格、提升效能感，从而实现学生全面发展的教育过程。总之，"心理育人"就是从心理的角度，在与学生进行沟通和了解的基础上，引导、教育学生具备健全的心理品质，使学生能够适应社会的发展和需要，成为全面发展型人才，担当民族复兴大任时代新人的教育活动。

新时代背景下，大学生积极心理健康教育的心理育人理念具有多重内涵。一是注重育人"目标"。2018年9月召开的全国教育大会上习近平总书记指出：培养什么人，是教育的首要问题。我国是中国共产党领导的社会主义国家，这就决定了我们的教育必须把培养社会主义建设者和接班人作为根本任务，即培养一代又一代拥护中国共产党领导和我国社会主义制度、立志为中国特色社会主义奋斗终身的有用人才。高校心理育人能有效促进学生形成良好的心理素质和社会适应能力，是形成德智体美劳全方位育人体系不可或缺的关键部分，因此要突破以往心理育人工作过于强调对心理健康知识的了解和对某些不良行为的干预，而是要真正提高学生的心理和人格健康发展，真正培养合格的社会主义建设者和接班人。

二是丰富育人"内容"，高校大学生心理育人的内容不是一成不变的，要随着社会的发展变化和大学生自身的身心发展特点以及心理育人的规律进行不断的调整和优化。《高等学校学生心理健康教育指导纲要》强调"尊重学生主体地位，充分调动学生主动性、积极性，培养自主自助维护心理健康的意识和能力"。在新的时期，高校心理育人工作不仅通过汲取生活化、实用性的素材，做到心理健康教育知识的普及工作，从而引导学生掌握学习、生活、人际、职业等方面的科学知识；还充分利用心理学、医学、教育学等多种学科的优势，从不同角度关注高校大学生心理健康状态和发展状况，满足了大学生不同层次多样化的需求。

三是注重丰富育人"方法"，针对不同学生的心理特点和心理障碍，由最初的个别咨询为主的传统育人方法，发展到当前运用各类新技术、新媒体、网络平台、社交关系等多种途径方法。在新时代，大学生积极心理健康教育的心理育人理念的方式方法得到了不断的更新和补充，基本形成了教育教学、实践平台、咨询服务、预防干预、条件保障五位一体的具有中国特色的高校心理健康教育实践方式。

大学生积极心理健康教育的心理育人要坚持以学生为中心，把握学生的思想特点和心理发展需求，优化心理健康教育的内容供给，改进活动方式，创新工作载体，全面统筹学校各领域、各环节、各方面工作所蕴含的心理育人资源。

第一，高校心理育人工作的主要内容就是解决校园大学生心理健康方面出现的障碍和问题，通过关注学生的人格发展和社会适应性问题，引导学生调动自我意识，鼓励学生找出产生心理危机和困惑的根源，及时调整心态，恢复和改善自己的心理健康，特别是通过对大学生心理危机的咨询、辅导、干预，提高学生的心理免疫力，促进学生心智和人格的提高。这也充分体现了学生的主体地位，教育者在对大学生群体进行育人的过程中，双方的心理健康状况都会得到审视和改善，从而实现共同协调发展。

第二，高校心理育人一体化强调从宏观、中观、微观各个层面构建一体化育人体系，心理育人工作与相关部门和社会力量之间建立协同协作、互联互通的工作机制已成为重要趋势，加强对学生的深入了解和细致关怀，构建完善的办学治校、教育教学、社会实践、心理咨询、预防干预等全方位互助协作的育人格局。

第三，全面阐释和把握"三全育人"，并根据党和政府对新时期高校道德建设的新要求和新背景，自觉地审视形势和任务，将理论与实践相结合，着眼于大学生的成长和发展需要，深化内涵发展，探索和创新符合新时代社会发展变化和高校大学生积极心理健康教育的实现路径，为更好地实施立德树人的教育任务不断提供新的思路。要真正使高校心理育人工作提质增效，须进一步探求心理育人一体化构建、创新的框架体系及对策，整合学校各项教育工作、育人元素，挖掘校内外资源，创新育人方式，搭建育人平台，构建"全员育人、全过程育人、全方位育人"的育人体系。

高校心理育人一体化，是我国在推进"三全育人"理念过程中必须融入的一个战略过程，推进这一过程，要基于大学生心理健康教育的现状，通过教育途径的创新破除现有心理育人工作零碎化、孤立化、片面化的局面；推进这一过程，就是通过体系优化把心理育人作为一个有机整体，实现育人在目标、原则、方法、制度、服务、成员、组织等诸多方面的协同发展。

高校思想政治教育重点培养大学生坚定的信念、高尚的品格和科学的理想。具备较高思想政治素质的人一般具有辩证思维，在遇到困难时心胸豁达，立场坚定，具有克服并解决问题的坚强意志，能积极快速地调整心态，保持身心健康。因此，具备较高思想政治素质是拥有健康心理的前提和基础，心理育人应该以马克思主义理论为指导，帮助学生正确认识自我和外部世界，从而更有效地解决大学生的心理问题。心理育人一体化是高校育人工作发展的重要目标和必然趋势，这使得我国高校心理育人已经具备了从过去单一化心理育人模式走向多元化要素主体共同参与的育人模式的外部环境和内部条件。

其一，全员育人有利于大学生积极心理健康教育形成育人队伍合力。全员育人是针对教育主体而言的，保证全体教职工都发挥育人的作用。落实在大学生积极心理健康教育中，就是全体教职工参与积极心理健康教育，包括高校积极心理健康教育专职教师、辅导员、行政管理人员、后勤服务人员、其他学科教师。其他学科教师是指相对于心理健康教育专职教师而言，从事其他各类课程教学的老师，包括大学生导师。大学生积极心理健康教育不仅是专职教师和辅导员的工作，也是管理人员及服务人员等其他校内职工共同的责任和义务。针对目前学校管理、服务人员心理健康教育功能薄弱的问题，高校应该注重对他们进行思想引导，使他们意识到大学生积极心理健康教育也属于他们应该承担的责任，树立育人理念。

为使学校管理、服务人员树立大学生积极心理健康教育的全员心理育人理念，可以从以下几方面着手：首先，高校可以通过组织学习，以教育培训的形式提高全体校内职工包括学校后勤服务人员及行政管理人员的心理健康知识水平，使他们了解高校心理健康教育的重要性，了解相关规定要求，激发育人意识，以便能够为学生提供更加优质的心理服务，传递正能量，形成正面积极的教育；其次，抓好本职工作，在做好本职工作的前提下，应该避免意识散乱、言行粗暴等行为，校内全体职工群体的言行都会对学生产生影响，所以在工作中要坚持以学生为中心的理念，爱岗敬业，树立育人理念，引导学生成长成才。全员育人形成育人队伍合力，有助于大学生积极心理健康教育工作的实施，有利于高校各个部门共同推进大学生积极心理健康教育，保证具体任务的实施，更好地发挥各部门在大学生积极心理健康教育工作中的作用。

其二，全过程育人有利于实现大学生积极心理健康教育的连续性。育人理念强调育人过程的持续性，落实在大学生积极心理健康教育中，就是将心理健康教育覆盖受教育者学习、生活、成长成才的各个阶段和环节。在课程开设上，面向全体学生开设积极心理健康教育选修和辅修系列课程，对全体学生进行心理状况的排查和有效干预，同时根据学生在不同阶段和时期的特点，有针对性地开展积极心理健康教育。并且在新情况出现时，通过及时调整心理健康教育各方面的内容，保证工作的连续性和有条不紊的进行。

其三，全方位育人有利于增强大学生积极心理健康教育的全面性。全方位育人明确了不同领域、类型和层次在大学生积极心理健康教育工作中怎么做、做什么的问题。在对学生进行积极心理健康教育时，一方面要构建包含知识教育、宣传活动、咨询服务以及预防干预在内的"四位一体"心理健康教育工作格局；另一方面要通过学校、社会、家庭不同领域，通过多方联动、多样载体、不同形式来进行积极心理健康教育，以此避免心理健康教育的随意性和无序性，增强全面性。

大学生积极心理健康教育的加强和改进，需要创新理念和方法。面对目前高校心理健康教育存在的现实问题，我们需要用一种全新的视角和方法去开创新的积极心理健康教育局面，而育人理念无疑适应了大学生积极心理健康教育工作发展的需要。大学生积极心理健康教育的心理育人理念下，要求我们从全员、全过程和全方位的维度对大学生积极心理健康教育的各个流程、各个环节进行全面而细致的掌控，进而从整体上优化和提升大学生积极心理健康教育工作的质量。全员育人将全体教职工的力量都运用到大学生积极心理健康教育中，极大地拓展了育人的主体范围；全过程育人为了解大学生在积极心理健康教育的过程中心理健康状况的变化提供了可能性，并根据教育活动中暴露出来的问题有计划地开展积极心理健康教育；全方位育人通过全面协调统筹各类资源，运用各种形式的载体、手段拓宽了实现大学生全面发展的路径。因此，心理育人理念为大学生积极心理健康教育提供了新方法。

二、多学科融合理念

大学生积极心理健康教育在各学科教学过程的渗透，既满足各学科教学目标的要求，又是心理健康教育得以在学生方方面面发展的需要。因此，高校应打破以往所认为的心理健康教育必须专业化、职业化的固有观念，注重将积极心理健康教育渗透在学校教育的全过程当中，教师掌握必备的心理健康教育基础理论，并将其内容渗透在学科教学中。

首先，营造积极健康的心理环境。教师要尊重关爱学生，和蔼可亲，拉近彼此距离，建立平等和谐的师生关系，使自己成为学生愿意接近的朋友，让学生消除紧张的情绪，产生安全感。同时教师自身需要有一个积极的情绪状态。在教学过程中必须增加情感投入，要风趣幽默，有较强的感染力，使学生经常在课堂氛围中体验到趣味感、轻松感、兴奋感等，满足学生求知欲，激发学习的热情，鼓励学生敢于质疑问难，充分发表个人看法和见解，创造一种民主、良好的心理气氛，增强学生心理建设，不断提高心理素质。

其次，各学科教师要积极寻找本学科的教学内容与心理健康教育内容的契合点，将积极心理健康教育融入其中。如文学、历史、哲学、语言学等社会学科类课程，蕴含丰富的社会认知和鲜明的人文精神方面的内容，可以陶冶学生情操，净化学生心灵，升华学生境界，培养学生积极的人生观、价值观。数学、物理、生物、化学等自然科学类课程，是建立在实验基础上的科学学科，可以磨炼学生意志，培养严谨的治学态度和科学精神，并使学生形成认真、耐心、细心等品格。音乐、美术、体育等艺体类课程，可以锻炼身心，活跃思维，培养学生耐挫力，陶冶学生情操，给人一种愉悦和美的享受。

最后，教师要提升自身心理健康水平。积极参加培训，掌握必要的积极心理健康教育的方法和途径，形成科学的教育理念，并融入教学实践，同时以自身高尚的人格和良好的道德素质去感染学生，为学生树立心理健康的榜样。

三、积极的教育理念

美国心理学家罗伯特·罗森塔尔（Robert Rosenthal）曾做过一个著名的心理学实验，他来到一所小学，对六个年级的学生进行了随机测验，在每个班级中随机抽取了 20% 的学生，并且告诉教师"这些儿童的能力今后可能会得到发展"，因此，教师对这些学生产生了期待。8 个月后，罗森塔尔对全部学生又进行了一次测验，结果发现，在智商上，这 20% 的学生比其他学生有了明显的提高，尤其值得注意的是，中等智商的学生提高更加明显。罗森塔尔于 1968 年发表了《课堂中的皮格马利翁》一书，对研究成果进行了详细介绍。结果表明，教师的期望会传递给被期望的学生，而在感受到教师的鼓励时，学生会表现出更强大的适应力，智力发展更加活跃，并且对知识的求知欲也会显著增强。这个试验中的心理效应被称为"罗森塔尔效应"，它提醒教育者，要对受教育者充满信心，相信学生的潜力，建立良好的师生情感联系。

面对传统"治愈式"的教育理念，教育者要转变观念，树立积极的教育理念，对学生加强人文关怀，少用挑剔和纠错式的眼光看待学生，而是多用欣赏和肯定的眼光看待学生，关心学生生活和学习，善于发掘他们身上的闪光点。过去，教育工作者总是集中关注那些心理出现问题或是家庭经济比较困难学生的心理状态，当下，应当将目光转向普通学生，在解决问题的同时，挖掘学生身上乐观、积极、有爱的一面，引导学生进行自我调节。当学生出现问题时，改变传统批评、惩戒的方式，使用接纳、理解等方式。人都具有自我调节的能力，只是一味地解决出现的问题并不能真正使学生成长，要加强预防，培养他们的积极品质，使用积极因素抵抗消极因素的影响；对他们进行鼓励，营造积极的氛围，能够切实帮助学生预防一些心理问题的出现。

在积极心理健康教育课堂中，要坚持主导性和主体性相统一，与学生建立积极的情感联系和民主平等的教育关系，发挥教育者的主导作用和学生的主体作用。轻松愉悦的课堂氛围可以带动学生的求知欲，使学生自主培养积极的价值观念，教师可以在宣传主流意识形态时，直面各种错误观点和思潮，加强师生间的互动，为学生答疑解惑。随着社会的进步与发展，教育主体与客体之间更加民主和平等，更容易构建平等对话、双向互动、相互转化的教育关系。通过开放式教学让学生展示自我，增强学生自信心。使用客观合理的评价机制对学生的能力水平进行评估，平等对待学生，不以分数论英雄，切实帮助学生身心成长，帮助学生积极情绪的调动和积极人格特质的养成。

四、全程教育理念

大学生积极心理健康教育还应坚持全程教育理念，完善全程关注的环节不仅在时间维度上关注学生从入学到毕业的心理健康教育，而且还要专注空间的变换和社会角色的变化不同的维度在教育实施过程中均处于不同层次、面临不同问题、依循不同逻辑，前置大学生心理健康教育的起点，加强入学前期心理健康素质的教育，同时后移大学生心理健康教育终点，为学生毕业后职业发展及社会角色的适应做好准备。

首先，从入学到毕业的大学生积极心理健康教育。对大学生进行积极心理健康教育时，要考虑学生在各个发展阶段可能遇到的问题，以时间为线索，制定学生每个学期、每个学年及整个在校期间的教育目标。在把握心理发展周期及规律的基础上，根据不同阶段的心理特点和发展要务，有针对性、有侧重点地推进教育计划，做到层次分明、重点突出、环环相扣、不断深化。学生在入学初期主要面对的问题是适应性问题，需要及时开展新生适应性讲座配合心理普查，掌握新生基础的心理状况，对存在异常现象的学生及时干预。入学第一年是学习能力发展的关键阶段，这要求心理健康教育要重点关注学生对学习方面的要求，着力培养学生良好的学习习惯，帮助学生树立正确的学习理念，引导学生完善自我意识和健全人格，关注学生个性的发展，强化学生学习动机，通过正向激励等方法鼓励学生发掘自身潜能，同时要关注学生的意志品质培养，提升学生的抗压能力，帮助学生正确认识学习过程中所遇到的各种问题。入学第二年是学生社会交往能力迅速发展的时期，这是大学生社会化的重要环节，积极心理健康教育应当关注学生在社会交往方面的需求，帮助学生正确理解社会交往中存在的问题，掌握沟通交流能力，鼓励学生积极参与社团活动，在与他人的交流中丰富对社会心理的理解，找到团体中适合自己的角色定位。学生的职业规划教育也是不容忽视的一部分，职业规划教育应当是从入学就开始的，这与学生形成完整的自我意识密切相关，大学生积极心理健康教育要帮助学生认识自我、探索自我，形成稳定成熟的人生观、价值观、世界观，帮助学生在此基础上选择适合自己的专业，制定合理有效的目标，规划未来的职业发展，此外大学时期是为未来职业发展蓄力的关键时期，大学生积极心理健康教育要帮助学生培养深入思考能力和执行能力，增强思维的灵活性，激发学生创造力，为大学生提供必要的创新创业指导，鼓励学生积极实践，通过实践对自己的能力和兴趣有更加全面深刻的了解，及时调整目标和发展方向，正确认识成长过程中的挫折，培养坚毅的意志品质，帮助大学生做好从大学进入职场的心理准备工作。

其次，从学习到生活的大学生积极心理健康教育。大学生的生活环境相比高中阶段变得更为复杂，社交关系变得越来越复杂，所产生的心理问题种类也随之增加，因此完善全程关注的心理教育环节，要重视学习及生活中多方面的心理问题，大学生生活中的心理问题主要有以下几种。（1）人际交往问题。人际交往是大学生社会化的重要途径，大学生生活中包含的社交关系主要有同伴群体交往、师生交往、异性同伴群体交往、亲子交往等。人格问题、交往技能缺失、过度防卫、信任不足是导致社交问题的主要原因，积极心理健康教育应当为学生提供社交关系面的指导，帮助学生树立正确的人际关系理念，掌握沟通技能，及时对有沟通障碍的学生实施干预。（2）情绪情感问题。大学时期是情绪波动较大的时期，这与学生身心状态仍处于未完全成熟的动荡时期有关，常出现焦虑、抑郁等情绪问题，积极心理健康教育应当为学生提供恰当的引导，帮助学生掌握情绪调节的方法，理性对待生活中的压力事件，找到恰当的宣泄方式。（3）性与婚恋问题也是大学生教育中的一个重要的方面。大学生正处在性生理成熟和性心理不成熟的矛盾中，且受到媒体中多种文化观念的影响，心理健康教育不仅要帮助学生分辨网络媒体环境下的负面信息，理性看待文化差异带来的观念差异，还要帮助学生树立正确的婚恋观念，引导学生形成良好的性道德观。

最后，从学校到家庭的大学生积极心理健康教育。大学期间学生面临两次角色转变，第一次是从高中生向大学生的转变，第二次是大学生向社会人的转变，每一次转变都要求学生能够及时摆脱前一个角色思维模式和行为方式的影响，积极开始后一个角色所需的适应过程。第一次转变要求学生学会独立生活的技能，适应离开父母独自求学的生活，完成心理独立，心理健康教育应着力培养学生独立自主的意识，发掘自身潜能，帮助学生正确认识每个发展阶段的首要任务，积极参与校园生活，发展同伴社交能力。第二次由大学生向社会人转变，学生从独立的个体到组建家庭，这意味着承担了更多的社会责任，并且要面对更加复杂的社会环境、更多的社会规则。高校应坚持以培养学生"准备适应任何一种角色"为指导思想，以发展的眼光看待学生，帮助学生为未来生活和可能的角色转变做好准备，具体而言就是一方面要培养学生社会责任感，使学生对进入社会后承担的社会角色有所了解，明白作为社会成员应当遵守的社会规则和道德规范，能够调整心态，快速适应新的角色，积极承担社会责任；另一方面要帮助学生掌握适应新角色所应具备的能力，家庭生活对个体在生活技能方面提出了更高的要求，要鼓励学生主动学习生活技能，正确认识生活中出现的挫折事件，掌握在家庭生活中所需的沟通技巧，找到适合自身情况的情绪调节方法，帮助学生在家庭生活和自我发展中找到平衡，鼓励学生在进入家庭生活后能够继续关注自身的个体成长，不断探索和完善自我。

第二章 积极心理学的理论基础

从心理学领域内各个心理学流派或分支发展的视角来看，积极心理学是心理学领域内自然科学取向的心理学与人文科学取向的心理学这两大阵营之间激烈碰撞与相互交融的体现和结果。深入研究积极心理学的相关理论内容有利于为发展创新大学生积极心理健康教育奠定良好的基础。本章分为积极心理学的主要观点、积极心理学的理论依据、积极心理学的基本内容三部分。主要包括积极心理学的理论内涵、积极心理学的基本理论特征、积极心理学的基本理论观点、积极心理学的主要观点分析、积极心理学的核心评价理念、积极心理学的主要理论依据、积极心理学的基本研究内容。

第一节 积极心理学的主要观点

一、积极心理学的理论内涵

积极心理学是一门研究如何正确把握人生的科学，它关注人们从出生到死亡的所有人生阶段。积极心理学认为，心理学应对力量和优秀品质进行研究，对人类自身所拥有的潜能力量进行发掘，这是一种关于工作、教育、爱、成长和娱乐的科学。

积极心理学以人的积极力量和美好品质为研究对象，致力于帮助那些处于正常境况下的人学会建立更高质量的个人生活与社会生活。它不仅是一门有关幸福的科学，而且是一门有关性格优势的科学。积极心理学家们希望能够帮助人们保持积极心态，感受生活的幸福和美好，用一种更加开放、欣赏的眼光去看待人类的潜能、动机和能力等，是对传统心理学的补充，而非代替。

二、积极心理学的基本理论特征

（一）对传统心理学的批判与继承

传统心理学流派把普通人作为标准常模，他们关注人的消极层面，致力于将有心理问题的人成功治愈恢复成正常人，侧重于对心理问题的治疗。因此，就人的消极层面进行研究，收获了显著成绩。然而，却造成了现代心理学科学体系的匮乏。实际上，即便心理正常的人也并不完全是健康快乐的。所以，研究心理问题无法从根本上把幸福带给大众。科学心理学应对人的积极方面提高重视，为人的幸福生活创造一切有利条件。

积极心理学把自我决定论作为起点，提出人是决定的主体，人生来便有心理发展和成长的能力。同时，夹带着能力、自主、关系等方面的心理需要。积极心理学家马丁·塞利格曼（Martin E. P. Seligman）表示，力量、美德等"积极品质"不只在经验中存在，而且具有内在因素，为"正性"的培植和创建事先空出空间。积极心理治疗学派的创始人诺斯拉特·佩塞施基安教授（Nossrat Peseschkian）表示人最基本的能力就是爱和认识，它以心理素质的方式存在。正是因为有了它们的存在，个体的发展才充满未知。

（二）从消极面到积极面的跨越

消极心理学在研究工作开展中主要针对病态的人，它对人的客观外显行为和无意识领域进行探索。对于人的消极面体现，以压抑、焦虑、本能、刺激、冲突和适应等方式实现。在心理学研究中，心理学书籍在对战争、父母早丧、疾病、离婚、歧视、贫穷等社会阴暗面的呈现上，通过人的悲凉、自私和无助情绪达到目的。于20世纪90年代展开的统计工作得知，和积极心理研究的论文相比，消极心理研究的论文要多出许多。心理学的知识体系之所以一直得不到完善，主要是因为把重心盲目放在消极心理研究上。一时间，只要提及"消极心理学"，大众便会明白是现代心理学领域研究。就自身积极品质和积极面的了解，人类基本一无所知。

在这种情况下，积极心理学的出现弥补了心理学发展过程中的弊端，成功把群众眼球吸引到了积极、正面的品质上，从之前聚焦人的压抑、本能和焦虑等消极倾向的生物属性上转移到人的幸福、爱与乐观等正面的高级情感上，开始对人的内在主观体验展开探索。

（三）向积极"预防"思想的转变

传统心理学把心理异常的群体作为研究对象，其研究范畴有所局限。在心理健康问题的认知上，一是定义为心理疾病的是非；二是把显露较轻的症状看作是对本能与过去心理创伤的压抑。在干预方式上，心理治疗的任务就是由医生通过精神分析寻找导致心理疾病的根源，对患者进行治疗，使他们回归到正常状态。患者和心理治疗师呈现出一种被控制和控制的关联性，治疗师作为心理领域专业的从业者掌握主动权，而患者只能被动地接受治疗。而积极心理学重视个人的心理"预防"，提倡把主动权向个体回归，试图调动个体身上存在的各种能力和潜能，并采取积极干预行为，以此维护家庭、个人和社会三者的和谐共处。

积极心理学的这种积极转向与负面界定心理健康的行为完全背道而驰，它以积极视角为起点对心理健康进行了界定，也明确了治疗者在其中的主导地位，强调治疗过程中个体内心能量所发挥的效用性。积极心理治疗比起传统心理学更加注重个体对心理问题的"预防"思想，将自身的积极潜能视为一种解决心理问题的方法。积极心理学的提出使心理学研究领域的空白得以被填满，且推动研究成果在生活中全面渗透，为个体的发展和社会的进步作出了重要贡献。

三、积极心理学的主要观点分析

作为 21 世纪心理学较为突出的发展方向，积极心理学的发展速度之快、影响力之大，究其原因，不得不归咎于它独特的性质，以及所倡导的心理学观点符合人类社会进步的需要。目前，积极心理学领域的观点主要体现在以下三个方面。

（一）平衡了心理学的价值观

心理学从建立至今，已经历了 130 余年的时间。在这 130 余年的时间里，它的进步是明显的，并影响着社会的众多领域。然而，心理学内部也存在着诸多矛盾，作为一门独立的学科，心理学曾经多次面临严重问题和困境。第二次世界大战过后，为了修复和治愈战争带来的创伤，心理学逐渐放弃了对普通人民生活幸福和培养具有天赋才能的人的关注，将注意力放在了消除人的心理或行为问题上，即通过矫正个体的损伤以达到心理健康的目的，如同医生给病人看病，具有了病理学的特征。这样的研究取向似乎背离了心理学研究的本意，人应该具有主动性并决定自己的发展，大部分没有问题的人也应该有权利调动自己正常的积极功能，实现自我完善和发展。去除心理或行为问题的人并不意味着就能获得健康幸福，同样，没有问题的人也不意味着一定是没有消极心理或行为模式的人。因此，传统心理学中的消极取向有存在的必要性，在某种程度上来说具有某些价值，是在特定的历史时期作出过重要贡献的，我们不能予以全盘的否定。但是将人或人类社会中存在的问题作为研究重点，侧重强调从问题着手指导实践的导向，似乎导致了心理学发展的不平衡性，更不能负担起实现人类最终幸福的社会使命。

积极心理学的出现，实现了心理学的价值平衡，使以人为本、充分发挥个人潜力和生活幸福的使命得到了回归，是对心理学在新的社会背景条件下的一种深刻理解，也是对传统心理学中消极悲观色彩的一种反对。

一方面，积极心理学带有一定的人文关怀性质，提倡积极的人性观，避免了消极心理学对问题心理和行为的过度重视，恢复了心理学应有的使命和功能。现如今的社会环境已不同于以往，追求幸福和有意义的生命胜过谋求生存，即发展大于生存。心理学的进步与发展也应该与时俱进，如何在个人和集体中发挥人的积极力量理应成为当下最迫切的任务。

另一方面，积极心理学与传统心理学解决问题的导向并不矛盾，传统心理学不是完全消极的，它也在研究人的积极品质，只是关注度不够，而积极心理学没有完全否认或无视人和社会中存在的问题，它是在充分提供机会，创造人和社会中的积极精神和价值，集中积极力量实现最终目标。换句话说，积极心理学是在努力扭转心理学长期发展的不平衡，更加完善心理学的功能，从而保证人与社会的和谐发展。

（二）强调个体的积极力量

积极力量就是指个体正向的、建设性的力量和潜力，并且与某些产生良好结果的人格特质相关，如心理弹性、乐观、家庭抗逆力等。关于积极力量的研究主要从三个层面展开：主观层面的积极力量，在这一层面，积极心理学重视个体的主观体验研究，即对过去的美好回忆，对现在、未来的积极体验和美好展望，包括主观幸福感、乐观和希望等积极体验；个体层面的积极力量，主要研究积极人格以及人格中的积极特质，特别是一些包含有积极力量和美德的特质，如智慧、天分、友好和尊严等方面；社会集体层面的积极力量，主要涉及社会、学校和家庭三方面的组织系统，社会集体层面的研究促进积极力量和人格的发展与培养，而积极力量和积极人格又能在社会集体层面获得良好的体现。

目前国内外关于积极力量的焦点研究领域，主要集中在积极情绪和认知、主观幸福感、心理弹性等几个方面，并取得了令人瞩目的成绩。此外，国内的一些学者在整理大量国外积极心理学文献后，补充了一些新的研究内容，如自我决定理论研究、认知方向研究等。

（三）倡导对问题的积极解读

积极心理学倡导从积极的视角出发解读个体和社会所具有的问题。心理问题本身虽然不能为人类增添力量和优秀品质，但问题的出现也为人类提供了一个展现自己优秀品质和潜在能力的机会。我们应当承认，人人都会不可避免地出现这样或那样的问题，体验消极情绪带来的影响。但是，这种消极的情绪状态，对于我们个人的生活和工作所起的作用是双面的。

社会认知理论告诉我们，消极情绪状态并不是直接由人所遭遇到的负性事件引起的，而是在一个人遭遇到这类事件之后，通过对这类事件的认知而产生某种情绪。由此看来，所谓的问题其实是有两种解释的，即积极和消极。我们根据自己的理解，可以自由选择视角，既可以看到它积极的一面，也可以看到它消极的一面。但积极和消极的、理性和非理性的认知方式产生的结果不同，前者可能会减少问题产生而付出的代价，使个体获得更多的积极意义。积极心理学在解读问题时，倾向于在寻找问题原因的过程中，寻求更多的积极意义，获得积极体验。

四、积极心理学的重要理论观点

积极心理学发展至今，经过实证，形成了一些积极理论，这些理论被广泛应用于临床医学、康复学、心理学、教育学等各个领域，无论是日常生活还是学习教育，积极心理学理论的影子都随处可见，各行各业都认识到了当今社会的进步和人的发展需要将重心转移到人本身来，对人类自身优势与价值的探索才是对抗退步与消极的有效办法。

（一）积极人格理论

人格心理学在发展中试图用少量的特质去归纳大多数的人，这些特质从人的具体行为中被提炼出来，但是又不能简单地作为原因再归还到个人身上。例如，我们定义一个人为"非常暴躁的"，在偶然的一次事故面前，这个人暴躁地打碎了一个花瓶，此时我们并不能说这个人是因为"非常暴躁"而暴躁。特质是一个人在日常生活中表现出的与他人的差异，是一种持久性的性格特征，正是这些不同的性格特征在影响着人们的认知与情感。人格心理学更多关注问题人格和人格的问题方面，积极心理学对于人格的研究，既继承了人格心理学对问题人格及其影响因素的研究，同时更注重对于积极人格以及积极人格形成的影响因素的研究，因此，是一种积极的人格理论。

积极心理学强调，人格心理学过分关注问题人格和问题人格的解决，可是即便问题人格中的所有问题都消除，积极力量也没有获得增长，相反，如果研究积极人格，关注人本身固有的良好品德，不仅可以消除和抑制问题因素的生成，还能够使人的美好品质得到培育和增长。

塞利格曼在行为分类评价系统中，归纳出了 6 种美德和 24 种积极人格特质，美德是核心存在，24 种积极人格特质则是为了培养 6 种美德而提出的途径。判断一种人格特质是否属于积极力量一般需要满足两个标准，一是属于特质，必须与能够实现幸福生活相联系，并且不伤害他人利益，具有道德感，能够得到社会的认同，最好有杰出人才作为这个特质可以使人成才的佐证；二是与积极人格特质含义相反的特质通常不具有积极的价值意义，如与勇敢相反的特质是怯弱，怯弱不具有积极意义，因此，勇敢是一种积极特质。

后来，塞利格曼将这两条标准进行细化，形成了 12 个不同的方面，分别是：普遍存在（即在不同种族文化中都能够找到）、满足感（有利于自我实现和幸福感的提升）、道德价值（具有一定的社会价值意义）、对立面是消极属性、特质性（比较稳定）、可测量、独特性、不影响他人成长、个体性、惊奇性、选择性缺少（并不是每个人身上都具有）、社会性（是社会追求的良好目标）。可以看出，这12 个方面与 6 种美德和 24 种积极人格特质是紧密联系在一起的，对于良好美德的追求，通常普通人满足其中一种或两种积极品质足矣，并不是一定要满足全部的积极特质。同样，也并不是满足了全部的积极特质就一定能够形成6种美德，一个人良好美德的形成是受多方面因素影响的，包括物质经济条件、文化水平的限制、家庭环境的影响等。

积极心理学强调，生理机制影响人的发展，但又不完全决定人的发展，反而外部行为和社会文化环境更能影响人格发展。有研究证明，当人面临一个全新的外部环境和行为方式时，人体内的荷尔蒙水平会发生变化，也就是说，外部环境的改变会引起人本身生理机制的变化，例如，在不同的文化背景下，人们学习的方法也会不同，因此，生理机制可以说是人的自然进化，也是外部行为方式和环境干预的结果。总的来说，不能忽略先天因素对人格形成的影响，但是显然后天的干预因素更值得人们去关注和探讨，人格的最终形成是在外部交往活动中，受生理机制影响将外部行为内化为人稳定的心理品质。

从某种程度上说，对于人潜在力量的重视其实是在唤醒人对自己身体和基因力量的主动权，当这种潜在能力被发掘和唤醒，并可以由主体控制形成一种能力时，个体便实现了对自己人格建构过程的掌握。人的潜力总是在特定场合与特定事物相联系时才会被发掘，一旦被发掘，这个潜藏的积极力量就会表现出与现有外在能力同等的作用。因此，在生活中重视人的潜在力量，发展人的积极行为能力，可以使个体在面对外部环境时有意识地施加一定的积极影响，积极的外部环境反过来又可以影响个体积极人格的生成。积极人格理论强调，不仅要关注个体已经表现出的外在能力，也要关注个体潜在的积极力量，挖掘积极特质，塑造积极人格。

对于高校学生来说，先天的生理机制无法改变，可以通过后天的环境对人格形成进行干预。学生不是只有具备了所有的美德才具有发展潜力，才能被称作"有发展前途的好学生"，只要学生身上表现出积极的品质力量，就可以对他们进行引导和发掘，轻易对学生"下定义""贴标签"容易使他们产生消极的生活态度，而美好、夸赞的语言则能够激发学生对美好品质的向往，培养他们积极的生活态度和人格。

（二）心流理论

心流理论（Flow theory）作为积极心理学中的一个重要理论，是著名的积极心理学家西卡森特米哈伊提出的，指人们忘我地沉浸在所从事的活动中，感觉不到时间的流逝。对于西卡森特米哈伊提出的"Flow"概念，国内学者有不同的译法，有的将之译为"心流"，有的将之译为"沉浸"，有的将之译为"福流"，纵观国内学者对于此理论的研究，"心流理论"译法应用更加广泛，故此处采用"心流理论"的译法对该理论进行介绍。

西卡森特米哈伊在对一些被人们公认为具有创造力的人进行调查研究时发现，这些人尽管从事各行各业，如绘画、科研、体育运动、探险等，但是他们身上有一个共同的特质，那就是他们内心对于所从事工作的热爱，也正是因为这份热爱，他们能够在工作中全身心地投入进去，达到一种忘我的状态，从而使他们坚持下来并取得成就。之后，西卡森特米哈伊研究了其他能够进入此种状态的活动，如下棋和攀岩等，发现这些具有挑战性的活动所包含的困难因素能够激起人们乐此不疲的好胜心，在面对这些带有刺激性的活动时，人们能够从中体验到独特的心理感受。西卡森特米哈伊对"Flow"有过两次描述。一次是"当人们全情投入时，获得的一种贯穿全身的感觉"[1]，"在这种状态下，动作与动作之间似乎受到一种内在逻辑的指引，而无须行为主体进行有意识的干预。他感受到的是贯穿各动作间的一股整体的流，并受控于自己的行为"[2]。一次是"当游戏者完全被活动吸引时，他们会嵌入一种共同的经验模式。这种模式以意识的狭窄聚焦为特征，并丧失自我意识，只对清晰的目标和具体的反馈有反应，因此，不相关的知觉和想法都被过滤掉了"[3]。西卡森特米哈伊认为，这种体验类似于美国社会心理学家马斯洛（Abraham H. Maslow）提出的高峰体验，表现为在工作中不计回报的付出，有一种飘飘然的感觉，投入在所从事的工作中而忘却烦恼和苦难。

随着对心流的认识不断深入以及不断对模型进行完善，西卡森特米哈伊在研究中发现，不论男女老幼与文化差异，所有人对心流体验的描述大致相同。于是他将人们在处于心流状态时表现出的特征归结为 9 种：清晰明确的目标、准确而及时的反馈、个人技能与任务挑战的平衡、行为与意识的融合、对事情的专注度、潜在的控制感、自我意识丧失、主观时间感变化和发自内心的参与感。后来，一

---

① 王丽．积极心理教育 培育学生心理资本 [M]．成都：西南交通大学出版社，2015.

② 邓鹏．心流：体验生命的潜能和乐趣 [J]．远程教育杂志，2006（03）：74-78.

③ 王丽．积极心理教育 培育学生心理资本 [M]．成都：西南交通大学出版社，2015.

些学者进一步对心流体验要素进行归纳总结，将它分为条件要素、体验要素和结果要素三类。具体对应关系，如表 2-1-1 所示。

表 2-1-1   三个阶段的心流要素

条件要素	体验要素	结果要素
清晰明确的目标	行为与意识的融合	自我意识的丧失
准确即时的反馈	注意力高度集中	主观的时间改变
技能与挑战的平衡	潜在的主控感	发自内心的参与感

除此之外，西卡森特米哈伊在研究中还发现，有些工作和活动非常有利于人们获得心流体验，如技能比较复杂的工作比技能简单的工作更具有挑战性，也更容易使人获得沉浸的体验。因此，研究人员提出，通过对工作场地的设计和优化、空间的合理安排、安排有组织性的工作、锁定组织目标等，能够打造良好的体验环境，从而有利于人们心流体验的获得。

由于每个人获得心流体验的强度和水平都存在不同程度的差异，因此，在学习和教育中，要对学生因势利导，根据自身的能力去设置挑战，保持二者的平衡才不会因失败而产生挫败感，或者因轻易取得成功而骄傲自满。发现和培养学生的兴趣是非常重要的，没有兴趣作为支撑，学生就无法设定具体清晰的目标从而投入其中获得心流体验，通过对环境的优化、工作的合理安排、人员的合理调动等，增强学生的投入感，以利于学生获得心流体验。

（三）希望理论

希望是积极心理学中的一个核心概念，随着积极心理学的发展，逐渐进入心理学家的研究视野。希望是一种情绪体验，是一种认知倾向，是一种未来定向的期待。有多名研究者对希望的概念提出了自己的见解，积极心理学家斯奈德（Charles R. Snyder）提出的希望理论模型，得到了大多数人的支持，应用也最为广泛：一种基于内在的成功感的积极的动机状态，它包括意愿动力，即一种目标性指向的能量和路径，用来达到目标的途径和计划。在希望理论的模型中，无论是儿童还是成人，他们的生活都是以目标为基础的，可以从两个方面来理解这个目标：一是启动意愿，即支持个体追求目标的自我信念系统；二是有效路径，即个人对自己达成目标的能力进行评估而寻找到的合适途径，是对自我的认识和感知。

斯奈德希望理论模型包含几个方面的因素，具体阐述如下。

（1）目标。目标是希望理论的核心支撑点，可以说没有设置目标，就没有希望理论的应用之处，而目标的设置无所谓大与小，可以是宏大的目标，也可以是短期小目标，目标既不是100%就能轻易达到的，也不是毫无可能实现的，只要能对目标产生追求的信念并对自己进行能力评估，找到有效途径付诸实践，希望理论就能够发挥作用。

（2）路径意念。当人们设定好一个目标时，会对目标的实现产生预期，这是一种本能的自然反应，同时，还会在脑中进行规划，预想通过什么方式方法去达成目标，这既是大脑的自然反应，也是对大脑预测功能的开发。

（3）意愿信念。通俗地讲，意愿信念即支持人沿着既定目标坚持不懈的动力系统，这一系统不仅决定目标的产生和规划，也决定了个体是否拥有坚持下去的坚强意志。

（4）障碍。主要是指在追求目标过程中遇到困难时的调整系统，通常来讲，人们在完成目标的途中会遇到各种各样的困难，并且达成目标的途径通常也不止一种，因此，在遇到困难、察觉"此路不通"时，拥有高希望水平的个体会在意愿信念的驱动下选择其他途径，及时调整计划。

（5）想法决定感觉。希望水平不一样，个体对行为过程的解释也是不一样的。有些人在追求目标的过程中会产生积极情感，这是因为个体在达成既定目标的过程中，目标成功的感知是居多的，而有些人则会在追求目标的过程中产生消极情绪，这是因为个体收到了目标失败的感知。

希望理论认为，尽管对目标失败的感知会带来消极情感，但是在非强制性执行目标的过程中依然会为个体带来积极的情绪体验。障碍会引起消极情绪反应，削弱人的生活满意度，但高希望水平的个体会通过主动调适去寻找或者开辟其他的路径进而达成目标，并且这些障碍还有可能成为刺激他们动力系统和调整系统的因素。

举例来讲，以希望理论为依据，在对抑郁老年群体进行干预治疗后发现，被试人员抑郁症状得到明显改善，希望水平也得到提高；将希望理论引入小学生课堂旨在开发小学生希望能力时，通过对小学生进行目标设定、与他们讨论高希望水平儿童的故事，发现这些学生的希望水平显著提高。希望理论不断被应用于医学、教育学等领域，在被试群体中取得了显著的效果，无论是与大学生的生活相结合，还是运用于大学生心理健康教育，都有利于学生对希望理念的培养，对自己的学习规划和人生规划设置目标，提供强大的动力，锻炼自己的思维调适能力，并成长为一个高希望水平的人。

五、积极心理学的核心评价理念

这里将学生综合素质评价中的教师评语作为研究对象，来具体阐述积极心理学的核心评价理念。

（一）欣赏性评价理念

积极心理学的理论中蕴含着欣赏性的评价理念。欣赏性评价和传统的鉴定性评价不一样，传统的鉴定性评价指的是对学生的教育活动及结果进行鉴定，往往是按照事先规定好的统一的评价标准来评价学生。这里提到的综合素质评价中的教师评语属于评价方式中的评语评价。大学生综合素质评价中的教师评语就是教师通过文字对学生的各方面情况进行描写的质性评价，基本方式是对学生的优势潜能、优势素质、个性素质进行深度描写，这也属于"教育批评"的方式之一。欣赏性评价则是发现并且赏识学生的独特品质与优点的评价，最终实现帮助每个学生既认识到自己是宝贵的，又认识到别人也是宝贵的目标。

首先，欣赏性评价追求的是真实性的评价。它更在意的是学生真实的、实际的发展状况，是"有一说一"的评价。

其次，欣赏性评价是一种注重个性的评价。如果拿着一把相同的尺子去衡量不同的学生，对于每一个学生都使用相同的细则进行评价，只会造成一种鉴定性的、只关注学生不足之处的评价。我们知道，每个人都是独一无二的，事实上，大学生也是存在差异的。

最后，欣赏性评价还是一种发现优势的评价。它强调的是不遗漏学生的每一个优势素质，不遗漏每一位具有特殊才能的学生，重点在于发现学生的优势。如果我们把百分之八十五的时间和精力用来认可他人积极的地方，我们看到他们消极的一面很快就会消失。对于教师来说，学生是处于不断发展中的人，让学生感受到被赏识和被认同是任何工作的基础，教师应越来越多地应用积极的语言表达对学生的信任、鼓励和支持，而不是一味否定、指责和批评学生。

（二）差异性评价理念

积极心理学尊重个体之间的差异性，因材施教，强调发展个体的独特优势。鼓励我们用一种积极的方式去看待不同的个体身上具有的差异和能力。作为教师，要树立差异性评价学生的评价理念，要在日常教学活动中善于发现学生的个体差异，还要将学生的差异记录下来，从而引导学生往正确的方向发展。

首先，教师要树立差异性评价学生的评价理念。随着素质教育的推动和影响，学校里开设的课程也更加多样化，每个学校都有自己的校本课程，校本课程的开设也应秉承学生是存在差异的理念，不同的学生身上有不同的特征，适合不同的学习任务。

其次，教师要在日常教学管理工作过程中善于发现学生的个体差异。针对偏科的学生，教师应该将评价重心放在其成绩较好的学科上，对其表现好的地方进行肯定，使他感受到被认可，对其不足的地方提出可行建议。有一些学生文化课兴趣不足，但是对体育课很感兴趣，并且运动能力也很强，教师要善于发现学生的天赋，加以引导强化，使学生的优势发挥到最大的程度。有一些学生不喜欢学习，但是具备良好的班级管理能力，教师也要及时发现，并培养学生这方面的能力。

最后，教师面对生活背景不同、年龄阶段不同、性格特点不同的学生要采取不同的评价方法。

（三）成长性评价理念

积极心理学提出评价应该突显生命的活力和生命的成长性。"成长"思维理念被认为是近几十年来心理学研究中最具影响力的研究之一。它对学生的影响不单单表现在学习上，还表现在情感、态度、人际关系等方面。作为教育者，成长思维的概念渗透在教育中。

首先，教师要以成长型思维来看待学生的发展。综合素质评价不是按照评价维度逐条评价学生，相关研究者认为综合素质评价的终极追求是促进学生的成长，这和积极心理学理念下重视学生的发展性评价达成一致。同时，教师采用积极的、成长的教育方式，有助于学生朝着教师所期待的方向发展。积极的语言不仅仅是说什么话的问题，还是看待学生、看待事物、看待社会的一种态度，一种正向的期待，一种对未来的希望。

成长型思维对于教师撰写综合素质评价语来说是一个很好的理念，教师使用积极的、成长型的评价语就像阳光洒在学生的心田，滋养他们的心灵。教师遵循成长型评价理念能够让学生看见自己的成长轨迹，对学生的发展起到良好的促进作用。教师在写综合素质评价语的过程中要重视具体性。如当教师想表扬一位学生，表扬要具体明确，并且重点表扬过程，如学生的勤奋、笃志、有恒心等。

教师评价学生要看重学生的发展，淡化鉴别与选拔。教师不能仅仅盯着学生的成绩，要重视过程的付出和收获，从而激励学生朝向更好的目标迈进。教师也要及时向学生传递肯定，加强学生的自我效能感。换句话说，教师评价学生时要体现学生的动态发展历程，让学生觉得自己是受到教师关注的，并且学生能够从中读出自己身上存在的优势和发展过程中的不足。

其次，教师要传递给学生成长型的思维理念。学生的成长思维不是天生的。它是在与家长和教师的互动中一点一点潜移默化地形成的。我们如何对待学生的成功和失败，学生就会如何对待自己的成功和失败。如果教师在综合素质评语中传递的是成长型的思维，那么学生也会对自己充满信心，愿意努力。当我们使用固定型的思维看待学生，如"你真粗心""你做事情真不用心"等，这些消极的评价就像一个个标签，让学生对自己产生了一个固定的判断，"我可能不适合读书。"这样一来，学生就觉得没有信心，内心很有挫败感，也容易放弃自己。

教师在写综合素质评价语的过程中，要表扬学生的努力以及表扬学生的努力过程，并且要写得具体，如"我看到了你的努力和用心，在你自己的坚持下，这个学期在各方面都进步了不少，课后都能辅导班上其他同学的功课了"。教学实际过程中，我们还会遇到一些问题。当面对一位考了 59 分的学生时，我们也应该选择使用成长型的思维来看待学生的发展。

（四）优势教育评价理念

优势教育起源于 20 世纪，但在 21 世纪正式形成。盖洛普公司前董事长唐纳德·克利夫顿（Donald O. Clifton）是第一个研究优势教育的人。他在著作《放飞你的优势》中倡导人们要基于自己的优势学习和工作。2000 年，在心理学家马丁·塞利格曼的演讲上，正式提出并强调发展人的优势的"积极心理学"概念。

人类教育有三种范式。第一种范式称作"适者生存"，"适者生存"这一范式逐渐发展为"不足弥补"教育范式。也就是说教育有一个标准，主要是分析学生身上的不足，教育的任务是弥补学生身上的这些不足之处，最终达到教育制定下标准的理想状态。这种"不足弥补"教育范式下的教育在隐性地扼杀学生的个性化特点，将学生培养成为统一的"产品"。直到 21 世纪，"优势发展的教育"模式的出现打破了这一局面。优势教育的思想来源之一是积极心理学，积极心理学研究人的内在优势，目的在于使人幸福地生活。

每一个人都有自己独特的优势，教师要以这一观点作为自己的立场，发展和运用学生的优势特征。也就是提醒教师在教育学生的过程中，不要只关注学生身上的缺点和不足，且试图修正他们的行为。与之相比，更为重要的是，教师要善于发现并且关注学生具备的优势，像情感、动机、智力、社会交往等，让他们能够发挥出自己的内在潜力和优势品质，成为真正的自己。

教师合理有效地运用优势教育理论对学生进行评价是教师需要重视的工作。这里拿学生的学习来说，教师可以撰写综合素质评价语进行优势教育，同时也需遵循一定的步骤。首先，教师要识别学生身上的优势。其次，明确优势。再次，教师要通过讨论学生具备的优势以及如何帮助学生实现其目标而创设愿景。最后，教师要设计达到目标的具体步骤，最终促进学生利用自己的优势进行学习。

第二节　积极心理学的理论依据

一、PERMA 理论模型

PERMA 模型的提出和发展与研究学者对幸福感的认识密切相关，PERMA 模型是建立在人们对幸福的理解中逐渐发展并改善的幸福模型。早期对幸福的研究集中在主观感受上，更多地将积极情绪体验作为幸福感的衡量标准。所以，在幸福的早期研究中，塞利格曼在《真实的幸福》一书中提出了 PERMA1.0 模型，积极情绪、投入和意义构成了 PERMA1.0 模型。

在 PERMA1.0 时期，塞利格曼认为幸福是积极情绪的获得、积极投入及人生意义的实现。在这个意义上幸福更倾向于从个人角度出发，以个人对生活质量的主观感受为主。随着对幸福研究的深入，人们认为幸福的获得不只包含快乐的获得，还包括个人内在潜能的发挥和实现，对幸福感的研究实现了从主观到客观、发展到享受的转变，进一步加深了幸福感的研究，但也存在不足，通过对不同幸福感的整合，在《持续幸福》中提出了PERMA2.0模型，构建了全面、多层次的幸福框架。

PERMA2.0模型认为达到幸福人生涉及5个元素：积极情绪（positive emotion）、投入（engagement）、人际关系（relationship）、意义（meaning）及成就（accomplishment），五个因素的首字母构成了PERMA模型，简称为PERMA。塞利格曼认为，这五个要素中的每一个都具有内在价值和回报，他的幸福模型将快乐（积极情绪状态的体验和欲望的满足）和幸福（意义的存在和个人潜力的开发）的组成部分整合到一个模型中。

积极情绪（P）：积极或消极感知是告知生物的一种放大信号，当这种多系统反应表明环境对自我不利时，负面情绪就会产生；当系统反应良好时则会产生积极情绪。在众多积极情绪词汇中，有十种积极情绪已得到了研究者的证实，被认为和幸福密切相关，包括幽默、感恩、满足、兴趣、希望、自豪、乐趣、灵感、敬畏、爱。积极情绪具备拓展、建构两大功能，在拓宽个体意识形式的同时也带来了有利资源的积累；消极情绪会将注意力、认知和生理反应局限于应对眼前的威胁或问题中，而积极情绪会促使个体产生新颖而广泛的想法和行动，后续积极体验也会累积成可以改变人们生活的重要资源。积极情绪是在一定程度上影响个体的幸福体验。

投入（E）：注意力完全投入当前活动的一种体验，又称心流（Flow）状态。激发心流体验需要满足两种条件：一是挑战所需要的能力与现有技能相匹配，活动所需要的技能太高时，容易产生焦虑，进而影响个体状态导致无法投入活动中去；而活动所需技能太低时，注意力又会转移到其他方面，并伴随无趣感。挑战对个人的能力要求既不会太高，超出个人最大范围，又不会太低，能轻而易举地完成。二是可以得到及时反馈，心流体验会表现出六种特征：专注当下、行动与意识合二为一、自我意识丢失、可控、时间感知扭曲（时间流逝极快）、专注过程。心流体验是相对于个人目标和兴趣结构进行扩展的力量，也是相对于现有兴趣进行技能增长的力量。

良好人际关系（R）：人际关系即人与人在交往过程中建立起来的情感联系，具备一定的社会属性。良好人际关系的建立可以带来资源置换等多方面的收益，是维护个体正常心理发展、个性保持和生活幸福的前提。

意义（M）：意义存在的本身就是意义，积极追求意义是个体利用本身最大力量和最优的智慧去追寻一个会超越自身能力范围的事情，如致力于社会的进步、科学研究、环境优化等；追求意义的过程不仅激发了个人潜能，还建立了个体归属感，即个体存在的价值。从时间角度看，积极情绪、人际关系、投入倾向当下，是人在现阶段的直观感受和体验，而意义的时间维度倾向未来，代表希望的获得，是个体追求未来的动力。

积极的成就（A）：成就是通过个人努力完成目标实现，如学习成就、事业成功等。成就获得需要个人天赋的先天因素，也需要个人持续不断的努力等后天因素。成就的获得是激发个体行为动机，提升毅力品质的过程体现，获得积极成就的过程本身就伴随着幸福感的体验。

PERMA 模型为人们认识幸福、了解幸福、走近幸福提供了一个更全面的视角，PERMA 模型的提出发展经历了理论到实证的转变。

在国外，关于 PERMA 模型的研究相对国内更为成熟，PERMA 前期对幸福感的不断诠释和丰富，为后期实现 PERMA 的应用价值提供了坚实的理论保障。PERMA 模型除理论价值外，还有自身实践应用价值。关于 PERMA 模型的应用多与幸福感有关，在临床医学领域、教育教学领域中应用较多。

二、SPERMA 理论

参考塞利格曼的"PERMA"理论，清华大学心理学系结合我国的基本国情、文化背景和学生特点等，提出了"六大模块，两大系统"的教育模型（6＋2模型）。这是依据我国实际情况进行的一次大胆创新。

"六大模块"也称为"SPERMA"理论，与"PERMA"不同的是多了一个"S"，这个"S"代表的是"积极自我"（Self）。在"积极自我"上注重培养学生自信和发挥自我优势；在"积极情绪"方面，注重培养学生妥善进行情绪管理和保持乐观向上的情绪；"积极投入"强调提升学术学习动机和更加投入的学习；"积极关系"强调学习换位思考和人际沟通;"积极意义"让学生学习怎样树立梦想和设立计划;"积极成就"提升学生的意志力和抗挫力。综上,积极教育不仅旨在提升学生学习幸福感,还落实在提升各种技能等方面。

"两大系统"包括品格优势的培育系统和身心健康调节系统。学生只有具有稳定、健全、积极的美德和人格特质,才能为其在未来人生道路中获得持久稳定的幸福感提供坚实保障,这也回答了为什么要进行品格优势的培育。另外,积极教育致力于培育学生持久而有效的行为习惯和技能以维持其身心健康,在儿童和青少年时期培养良好的健康行为、增强免疫力和身体素质会对其一生产生不可估量的积极影响。

综合来看,"SPERMA"理论当中的每一个因素都可以后天习得,提高学生这6个方面的水平,学生的幸福感也会随之提高,为了让学生更幸福、更积极主动地学习,教师应该在教学活动中培养学生的积极人格特质,因为积极的人格特质是"SPERMA"的理论基石。

三、自我决定理论

自我决定论也被称为SDT理论,是在20世纪由美国心理学家德西(Deci Edward L.)和瑞安(Ryan Richard M.)提出的,该理论源于对消极心理学的不满,过去以心理学家弗洛伊德(Sigmund Freud)为代表的消极心理学强调的是本能决定论,认为人完全是由本能和过去经历决定的,并会持续影响到人的一生。而马斯洛和积极心理学派都强调SDT,认为人是有意识且可以自由选择自己未来的,而自我决定是一种内在的、可以实现自我的驱动力。

SDT理论把人的行为分为两类:自我决定行为的行为和非自我决定行为,如图2-2-1所示。前者主要由个体内部动机所驱动,是建立在有机需要意识的基础上的;后者则是通过外界环境、社会文化等影响因素作用于个人心理来实现的,非自我决定往往伴随着没有动机,这时往往会陷入过去经验论或者陷入周围大环境决定论。自我决定包括外部动机和内部动机两种。外部动机不同于无动机,外在动机的人有目的,同时也期待自我认可的价值,但是很难感受到内在的心理动机被满足,外在动机的强度与幸福感呈负相关。内部动机的追求和维持能够提供自我实现的满足,与幸福感呈正相关。

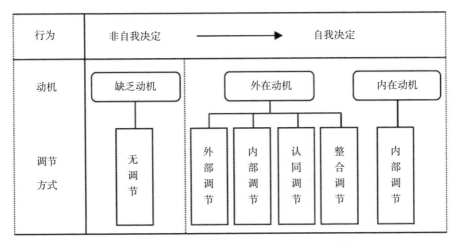

图 2-2-1 动机类型及调节风格

早期的 SDT 理论将外在动机和内在动机对立起来，积极心理学在此理论上进一步发展，认为外在动机可以一步一步转化为内在动机，个体为达到特定目标试图改变或控制自己的想法和反应，以达到特定的目的，这个过程叫作自我调节。缺乏动机的人表现为不以任何方式进行调节。

个体的外在动机并不能自动转化为内在动机，而是受三种需求影响，SDT 认为人天生就有 3 种基本需求，即自主感、归属感、胜任感。这 3 种需求是促进外在动机转化为内在动机的条件，这些条件的满足程度与幸福感是呈正相关的，即这些条件越满足，人就会越主动、愉快地工作、学习和生活。

教师面对的是学生群体，群体当中的每一个个体都不同，受到遗传、生活环境、生活经历、教育经历的影响，每个个体的动机情况不同、调节方式也不同，为了提高学生的幸福感和学习投入产出成果，教师应该通过各种方法帮助学生将缺乏动机、外在动机转为内在动机，而且这个过程不是速成的，而是要在整个教育教学工作中进行。

将外在动机转化为内在动机，会受到自主感、归属感、胜任感的影响，所以，教师应该帮助学生获得自主感、归属感、胜任感，形式不限于课堂教学，还包括课外对这 3 种基本需求的培养，如果有余力还应该与家长协作把此项工作进行完善。

四、人格特质理论

高尔顿·奥尔波特（Gordon Willard Allport）是杰出的人格心理学家，他对人格有着深刻研究。他认为，个体中能够决定个体与他人不同的思想和行为的身心系统的动态结构叫作人格。

奥尔波特强调个体人格的形成与个体动机具有一定的关系，但是二者之间并不是简单的线性关系，个体的动机具有一种机能自主的特性。这种机能自主是指在所有的由于学习取得的动机系统中，如果这种动机包含的紧张与形成这种习得动机系统的先行紧张不是同一个，那么也就是说习得动机表现出机能自主。当这种动机具有了机能自主，它就不再依赖原来的紧张了。例如，一个画家在刚开始从事绘画创作时，可能是因为害怕饥饿而进行绘画换回想要的食物，但过几年之后，他已经不需要卖自己的作品填饱肚子了，而他画画的唯一理由是因为他本身的热爱，追求自己喜爱的心理成为他创作的动机。在这一过程中，这个画家后面习得的动机系统就表现出机能自主，也就是习得动机的紧张与先行紧张不同。类似这种动机机能自主的例子在生活中很常见，如一个小女孩刚开始练琴的动机是想逃避父母的训斥，经过几年之后，小女孩练琴动机转变为出于自己的喜爱；一个商人已经赚取了超过自己生活消费的财富，但他仍然继续积累财富等。由于动机的机能自主性，个体的人格是动态的，塞里格曼也正是从这里得到启发。

第三节　积极心理学的基本内容

积极心理学认为每个人都蕴藏着积极的人格特质。人是具有自我管理、自我决定、自我导向和适应性的整体，积极心理学倡导用乐观积极的角度去解释困难，以预防抑郁心理的产生，从而更好地适应压力和变化的环境。积极心理学以主观幸福感为中心，研究包括三个内容：首先是积极的情绪体验，主要是探讨人的主观幸福感，建构对于未来的乐观主义态度；其次是积极的人格特质，如爱的能力、激励潜能、乐观与希望、勇敢、具有创造力、积极的人际关系、追求幸福等；最后是积极的组织系统，积极的情绪体验与积极人格特质的形成都是内外因作用的成果，强调个人发展的同时，也要注重社会文化环境对人潜移默化的影响。积极心理学并不是凭空产生的，它既是心理学的一次里程碑式的转变，也是在社会快速发展下普通人对于美好生活的呼唤，以积极的方式唤醒人体内能量的爆发，唤醒个体积极和爱的力量，从而使个体收获积极的结果和积极的生活。下面将对积极心理学的基本研究内容进行具体阐述。

一、积极的情绪体验

积极情绪体验为个体形成积极人格特质奠定了基础，也为形成积极的组织系统构建了平台。积极情绪和消极情绪作为两个对立面，使个体在面对现实时产生完全不同的判断。在美国心理学家弗瑞德克森（B. L. Fredrickson）提出积极情绪"拓展—构建"理论之前，消极情绪一直是心理学界的主流研究方向，这是因为一系列的心理学研究都证明了消极情绪更有利于提高个体的判断准确率以及认知能力，心理学界称之为抑郁性现实主义。积极心理学在研究积极情绪时发现，积极情绪不仅可以提高人知—行的个人资源，并且能够帮助个体减少消极情绪和减轻抑郁。

弗瑞德克森教授于1998年提出积极情绪"拓展—构建"理论，该理论认为个体那些看起来离散的积极情绪其实能够增强人瞬时思考和行动的能力，并且这些积极情绪能够对指导思想和行为的心理资源产生长远的影响。换句话说，积极情绪会拓展个体当下看待问题的思考方式以及应对事件的行动，使人在看待问题时更加全面，眼界更为开阔，思维更加活跃，行动能力更强，并且构建起更为长远的积极心态。

在生活中，对积极情绪的运用常见于医院的病房里，医生常常鼓励患病的病人要充满希望，即使是比较重症的疾病，也鼓励患者要怀着活下去的信念。从医学研究结果来看，那些信念坚定、充满希望的患者确实会比悲观的患者要康复得更快更好，甚至还有抗癌成功的例子。其实这并不是没有科学依据的事情，人在积极情绪状态下会促使身体分泌出一种免疫抗体，提高身体免疫活动能力，心理的变化会使身体产生变化，患者就会康复得更快。就像在对AIDS病人所做的实证研究中发现，心理更乐观、对生活更有信心、更愿意接受治疗的病人，发病症状出现的时间更晚，寿命也相对更长。比较典型的积极情绪，如满意、主观幸福感等，使个体在当下的环境中会有适度的兴奋，身心都处于活动的最佳状态，看待事物更多的是看到美好的一面，对未来会产生憧憬并规划好目标，这些积极情绪也会成为个体行动的内驱力。

在积极情绪的研究中，最多的研究内容是关于主观幸福感和快乐这两种情绪。主观幸福感是指个体自己对于本身的快乐和生活质量等"幸福感"指标的感觉。也就是说，人们内化了社会标准，并且肯定自己的生活质量，感受到积极情感在心理状态中处于优势地位。主观幸福感的研究并不是凭空产生的，而是在消极心理学的土壤中成长起来的。从传统研究来看，心理健康研究都是以问题为导向，将重点放在"病态"与"不健康"。

主观幸福感研究的兴起是健康心理学的深刻变革，反映了从 ill-being 向 well-being 的取向转换，更多地从积极层面去探讨心理健康的问题。在主观幸福感的影响因素研究中，研究人员发现人们通常将幸福感与金钱或者收入挂钩，但是研究发现金钱和幸福感之间并不是一直都呈正相关的关系。对于人们幸福感下降的原因研究，有学者提出可能并不是因为金钱本身而引起的幸福感下降，而是由比较心理、自我炫耀等心理动机引起的，这些研究结论为研究者评估人的心理状况和国民幸福度提供了重要参考。

总的来讲，积极情绪的研究是积极心理学的主要研究内容之一。积极情绪秉承积极心理学的观点，关注人健康、乐观的一面，旨在给人带来更多的可能性与开放性。

在心理学上，积极情绪的扩展构建理论证明积极情绪能够对人们的认知能力、注意力、行为和个体资源带来螺旋上升式的积极影响。该理论还认为积极情绪不仅是幸福的信号，也是决定幸福的因素之一。其中总结出的积极情绪的十种表现形式，每一种都对个体产生了在思维转换、生活发展中的积极作用。除此之外，积极情绪对个体生活和发展还有重大意义，积极情绪对个体性格的构建起到十分重要的作用，积极情绪能让个体充满希望地看待挫折和失败，给予个体从困难中恢复的力量，使个体更加坚韧和坚强。在面对负面、消极的心态或事物时，积极情绪不仅仅可以抵消消极情绪带来的恶性影响，还能够将个体引入正向积极的事物中。面对健康个体，积极情绪能够保持个体的乐观心态和健康生活，在个体已有的坚韧人格的基础上增添光彩。

积极情绪无疑在个体的人生发展中起到了不可忽视的作用，心理学家们也在进一步对积极情绪进行研究。当前积极情绪不仅在心理学领域成为一个重要的研究内容，也受到其他科学领域的关注。对儿童教育的一项研究结果表明，儿童在积极的心理状态下学习速度更快。积极情绪对儿童注意力、创造力的发展大有裨益。积极情绪对儿童认知结构和个人资源上的拓展都说明积极情绪在教育领域具有重要意义。现如今，积极情绪的相关理论在教育领域被学者们进行广泛的应用研究，促使人们开始逐渐关注积极情绪在教育领域的发展。

二、积极的人格特质

积极心理学认为，人格的形成是内在因素、外在行为和社会环境的交互作用，也可以说是个体内化外在活动的结果，人格作为一种外在的社会活动，在生理机制的作用下内化成一种稳定的心理活动。在外界环境的刺激下，个体能够激发外在能力和潜在能力，当这些能力都变成习惯时，便形成了一种人格特质。下面将对积极人格特质的理论内容进行具体阐述。

（一）积极人格特质的理论渊源

在过去的很长一段时间里，人格心理学对发现并解决人格中的问题予以极大的热情。众多专家学者将自己定位成外科手术医生，为找出并剥离病灶付出了毕生心血，促使心理学领域在人格测量与修复方面硕果累累，但与此同时，过度沉浸于管控人格问题而忽略了对人格光明面的探究。

"积极心理学"一词最早出现在1954年，但它的首次亮相并未受到瞩目。直至1998年，美国心理学家塞利格曼在美国心理学会年度会议上发表任职演说，提出在自己任职期间的主要任务之一便是创建积极心理学。2002年，《积极心理学手册》问世，成为积极心理学的诞生标志。它致力于解答传统心理学所留下的疑惑——怎样使人收获幸福，将人格研究的目光投向问题的对立面——发展性力量，破除以往人格研究仅仅强调缺失的桎梏。

尽管在心理学领域，积极心理学只是一个尚在襁褓之中的婴儿，但它与时代潮流、社会需求相呼应，正在吸引众多学者投入其中。如果把人格心理学看作一个连续体，传统心理学的研究主题在于如何将人格从病态或偏态转化为常态，而积极心理学的主要任务之一就是将人格从常态发展为优态，并且不断追求每个人自身的最优态，二者相互交流切磋，共同维护心理学价值的平衡状态。

积极心理学关于人格的主要观点包括以下三个方面。

（1）呼吁倡导探究积极人格特质。在日常生活中，我们经常会自觉或不自觉地使用一系列形容词借以描述自己和评价他人，如善良宽厚的、持之以恒的、审慎恭谨的、坚韧不拔的等，这类形容词被称为特质术语，帮助我们快速而又精准地形成对自己与他人的印象。运用几种类型或类别将人类加以区分，是人格心理学的夙愿，"特质"正是为实现这种分类所发明的工具之一。特质即对外界环境刺激作出反应的内在倾向性，它具有一定的遗传力，同时又受到外部环境的影响。

积极心理学主张从个体层面上展开人格研究，采用特质维度对人格进行分析。积极心理学看见的是人本身，而非人身上的问题，激发、巩固人格中的积极力量才能使个体成为一个功能完善、在自我实现的道路上昂首阔步的人。当然，积极心理学强调研究具有建设性的人格特质并不意味着它否认人格问题的存在、摒弃人格偏差的复原，积极心理学家们只是不希望人格心理学拘泥于"消极"的一隅，努力为健全人格提供全新的方案，从而实现人格心理学的价值平衡与和谐。

（2）注重人格形成发展过程中内外因素的交互影响。积极心理学作为新生的一股思潮，它并不否认个体先天获得的生理机制对其认知、行为和情感模式存在一定影响，但这种影响需要借助媒介来传递，并且其持久性不足。先天的遗传基因固然在个体的人格形成路径中扮演着一个"先导者"的角色，为人格发展涂上一层底色，但同时个体自身具有主观能动性，且外界环境对人格的渗透塑造也不容小觑。积极心理学更倾向于将人格视为内部因素与社会文化环境交互作用下形成的复杂性产物，具有跨时间的一致性和跨情境的稳定性。

相比其他影响因素，积极心理学相信后天环境特别是社会文化环境在人格培育中所占比重更大，家庭、学校和社会等被积极心理学称之为"积极的社会制度"，它是人格培育的温床。

（3）个人在建构人格的过程中具有主动性，关注能力和潜力的作用。与人本主义心理学相似，积极心理学对人性抱持着深切善意，对人格的培育塑造也寄予乐观的期待。追求美好生活是个体的需要，亦是本能，而积极主动地建构人格则是个体的一种重要倾向，它以人生幸福为终点和归宿。积极心理学提出，既然人格是一个主动建构的过程，那么培养个体过滤并转化外界环境中的消极信息，汲取事件中积极力量的能力，打破悲观颓败的思维定式，触发并保持一种充满理性的乐观主义，是健全人格的理想途径之一。

为生命赋予意义，是积极心理学的使命，将"积极"一词内化于心、外化于行，让"积极"成为自己的人格印记，是众多学者孜孜以求的目标。积极心理学家们相信，个体的现实能力（即已经具备的能力）可以对自身的内在体验、外部行为甚至是所处环境给予一定的积极引导，因此，人的现实能力是人格建构中不可或缺的一个驱动因素。

（二）积极人格特质的内涵

积极人格特质是积极心理学的主要研究内容之一，有时也称性格优势或积极心理品质。一般来说，一种人格特质能被冠以"积极"的前缀，需要满足两条标准：首先属于特质类，具有道德价值，是利他主义的、为社会公众承认的、并非在每个人身上都可以体现出来的；其次，与每一个积极人格特质内涵相对的人格特质不可具有正面意义。第二条标准更为严格，也最为关键。

塞利格曼等人着眼于探讨核心美德和积极人格特质间有何关联，提出二者为包含关系，即积极人格特质是核心美德的具体表现形式，同时强调积极人格特质是在个体获取核心美德的心理过程中得以形成稳固。

可以说，积极心理健康教育的核心任务就是培养积极心理品质，终极目标是奠基幸福有成人生。可以将积极人格特质定义为一系列具有相对稳定性的正向心理品质，它驱动个体的情绪体验、行为表现等朝向"积极"。

从本质上讲，积极人格特质是一种持久的积极情绪体验，以及由此衍生的正向认知。积极人格特质应有以下效用：一是提升学习效率、优化工作表现；二是提高个体主观幸福感指数；三是增强心理免疫力与抵御罹患心理障碍的风险。

综合上述说法，从广义上来说，积极人格特质囊括了人类所有的美德力量和正面品质，无论是已然外化于行还是潜藏于心的；从狭义上而言，它指人格中具有建设性与积极导向的心理特质，如真诚、善良、坚韧、自制和勇敢等。

（三）积极人格特质的形成机理

机理或机制，指的是有机体的建构、功能及其互相关系与运行方式。发生学认为，任何一个事物或现象的形成都是在多个因素的交互影响之下，有条有序、逐渐发展的阶段性过程。因此，在研究任何一个事物或现象时，我们不能局限于它的影响因素，而应重点探究它形成的内部机理。

积极人格特质的形成可理解为个体将被人们普遍认可的道德观念进行内化，形成自己的稳定特质，表现为个体履行道德行为的自愿、自觉习惯的整个过程。基于个体的内外部动机，可将积极人格特质的形成分为两个途径，即两种形成机制：其一是基于个体的外部动机的社会化机制；其二是基于个体的内部动机的自我建构机制。

（四）积极人格特质的分类

近年来，以马丁·塞利格曼为核心的积极心理学家们发起并持续推进了"Vaules in action"（简称VIA）项目，该项目致力于探究能够促进人类健康幸福和社会和谐稳定的心理品质。

2001年，塞利格曼等人提出了关于积极人格力量的分类体系，这是VIA项目的成果之一。在这个体系中，以6种美德即智慧、勇气、仁慈、正义、节制与卓越为核心，而这6种美德又各自囊括了不同的积极人格特质，共有24种，如表2-3-1所示。

表 2-3-1　VIA 分类体系

核心美德	积极人格特质
智慧	1. 创新性：打破既有思维模式的局限，迸发新思想，发现并创造有社会价值的新产品的能力。它是由个体的知识、技能和个性心理品质等多方面因素融优化而成。 2. 判断力：从不同方面、各个视角对问题进行分析，仔细评估各个解决方案的利弊得失，明辨是非的能力。 3. 好奇心：对某种事物或某类活动具有强烈求知欲，是一种了解和认识世界的浓厚兴趣，是认知内驱力的重要组成部分。 4. 爱学习：渴望获得并掌握知识，对学习抱有深切热情。 5. 洞察力：是对事物的各个要素以及它们之间相互关系的精确分析，能透过表面现象看到其本质，是对事物内部规律的整体把握。
勇气	1. 坚持：坚韧不拔、持之以恒，行事有始有终，不半途而废。 2. 诚信：忠于事实，呈现事情的真实状态，不欺瞒、不遮掩，实事求是。 3. 勇敢：敢于面对挑战，即使有诸多挫折阻碍也一往无前，无所畏惧。 4. 热情：对生命充满热爱，对生活充满期待，富有生机与活力。

核心美德	积极人格特质
仁慈	1. 善良：心地纯净柔和、温润宽厚，心胸宽广。 2. 爱心：能理解他人的处境，在他人陷于困顿中时愿意伸出援手且不计回报。 3. 人际关系良好：注重与他人的情感联结，对自己以及别人的情绪、行为有较高的敏感度，能以恰当妥帖的方式表达对他人的关心。
正义	1. 公平：具有较强的规则意识，按章程处理问题，待人处事合乎情理，不因关系亲疏或一己私欲而有任何偏私。 2. 领导力：发起组织集体活动，增强成员对所在团体的归属感，提高团队的向心力，共同达成团队目标的能力。 3. 组织协调能力：与他人沟通顺畅、善于表达自己的意愿、惯于推敲对方的心思，具备合作精神，能调节成员之间的矛盾分歧，使他们达成共识。
节制	1. 谨慎：思考问题审慎周全，处理事情细致认真，在看清事物全貌后再作出结论，尽可能避免遗漏和错误。 2. 自制：遵守规范秩序，严于律己，依据社会认可的方式行动。 3. 谦逊：不夸耀自己、不自满倨傲，虚心接受他人批评指导，乐于向他人请教学习，行事低调稳重。 4. 包容：尊重他人不同的行为方式，理解他人不同的人生选择，对与自身相异或者不被普遍理解的观念、想法给予较大程度的接纳，具有"诚觉世事尽可原谅"的宽广胸怀。
卓越	1. 希望：热爱生活，对未来溢满憧憬，对美好事物持有莫大的期许并愿意为之付出努力，为实现梦想不懈奋斗。 2. 感恩：能敏锐捕捉到生活中美好温暖的点滴之处，并对此表示衷心感谢。 3. 幽默：能适时适地适度地触发愉悦的心理体验，巧妙化解尴尬局面，是人际关系的润滑剂。 4. 欣赏：能时刻留意到日常生活中的美好细节，拥有一双察觉他人过人之处的慧眼且真诚赞赏。 5. 信念：为生命赋予更高层面的意义，树立并不懈追求人生理想。

　　国内诸多学者则将目光投放于最具人格发展潜力的青少年群体，汲取前人的有益经验，在充分调研积极人格特质现状的基础上，进行梳理归类，具体内容如表 2-3-2 所示。

表 2-3-2　其他研究者对积极人格特质的分类

研究群体	分类详情
中学生	6 维度：同表 2-3-1 16 项特质：好学、创新、友善、爱、执着、勇气、谨慎、谦逊、社会智力、真诚、宽容、洞察力、领导力、希望、合作、心灵触动
大学生	6 维度：知识、勇气、仁爱、正义、自制、超越 24 项特质：判断、好奇、热爱、创新、洞察；热情、坚韧、诚挚、勇气；爱、友好、社交智慧；团结、公正、领导力；谨慎、谦虚、宽容、律己；信念、幽默、感恩、希望、审美
青少年运动员	5 维度：意志、智慧、仁爱、超越、自制

（五）积极人格特质的测量

积极心理学在人格测量方面沿袭了特质流派的基本观点，即人格以特质维度为单位，遵循词汇学假设，采用因素分析等方法编制测量工具。

2000年，以美国密歇根大学心理学讲座教授克里斯托弗·彼得森（Christopher Peterson）为核心的研究团队搜集整理了大量来自世界各地的名著，如《论语》《道德经》和《圣经》等，以及诸多智者名人的经典论断，从中提取了近200种美德。随后经过分析过滤，浓缩为具有跨文化价值的六种人类美德。

2002年，彼得森编制了VIA特征优势调查量表（The Value in Action Inventory of Character Strengths），该量表内有24个分量表，以分别探查被试积极人格特质水平，共计240题，采用5级计分。

2006年，由彼得森等人修订的VIA-Youth问世，施测群体是10至17岁的儿童与青少年，经反复测试证明其多项测量学指标俱佳。

除上述测量工具之外，检测个体积极人格力量识别与运用状况的问卷也相继问世，如性格优势识别量表（Strength spotting Scale），它包括5个分量表（能力、情绪、频率、应用和动机），用来评估个体识别性格优势的能力、个体从中获取的满足感或体验到的积极情绪水平、个体洞察他人性格优势的频率、对性格优势线索的运用方式以及他们了解他人性格优势的动机，量表共计20题，采用7点计分；性格优势状态等级评定量表（The Character Strengths State Rating Form），共计24小题，采用9点计分；性格优势功能等级评定问卷（Character Strengths Functions Rating Scale），用于评估个体的积极人格力量运用情况。

国内学者最初引进翻译相关量表，但在使用过程中发现了一些问题。首先，项目过多，施测时间长且被试易疲劳；其次，东西方文化差异使调整测验内容成为必要。文化调适本就是量表引进编制的一项常态化工作，诸多专家为积极人格测评工具的本土化而不断钻研。初中生积极心理品质量表是在参考借鉴VIA-Youth的基础上自主编制的，建立了相关数据库，为学生群体积极心理品质的测评开发提供了重要依据。中小学生积极道德品质测评量表以及中国教师积极心理品质量表信效度良好。中文长处问卷（CVQ-96）基于原量表，确定了三个维度，即亲和力、生命力以及意志力，并且大幅减少题量，便于施测。经对中国医学研究生检验得出，不同子样本中（性别、职业）具备因子恒定性，其他测量学特征均达到良好水平，且近期研究认为在中国青少年群体中同样适用。

除了对个体积极人格的整体评估之外，也不乏聚焦某项人格特质的研究，如编制中学生乐商测量工具，以检验其发展特点。有研究者指出中国人的敬畏品质是囊括审慎、尊敬、谦逊与欣赏这四种维度的模型，相应的词汇评定问卷经测评具有一定适用性。

（六）积极人格特质的功能结构

有研究提出，积极人格特质包括6种功能，分别是启动功能（触发正向行为）、正念功能（对现实的意识协同作用）、赋值功能（对生活事件赋予意义）、缓冲功能（预防问题发生）、重评功能（重新评估生活事件）和复原功能（调整以恢复常态），并且各项功能的有效性均得到验证。

研究表明，表现善良特质可以启动他人的善意想法和行为，研究者称之为善良的传递效应；正念性积极人格力量使用方法与定位技能促进个人对积极人格力量的意识以及发挥；与他人分享积极情绪，回忆美好瞬间，传递生活事件的价值，能提升活力；积极人格特质在教育、工作等不同情境下可以帮助个体迅速调整心态，缓解负面情绪。有科研工作者关注积极人格力量是否得到合理恰当的运用，将之视为一个连续体，两端为使用不足和使用过度，近期研究在此基础上增添了"最佳使用"状态点。近年来，学界关注到大五人格与积极人格特质间在功能结构上存在相通性，且与主观幸福感联系紧密。有研究者提出积极人格力量知识和积极人格力量归因的概念，前者是指个人对积极人格特质的觉察和认知，后者代表个体实际拥有的积极人格特质。

三、积极的组织系统

积极心理学认为，积极人格的形成更重要的是受后天环境影响而不是先天基因遗传。积极的组织系统分为三个层面，第一是宏观层面，主要是指国家的社会经济制度以及方针政策等；第二是中观层面，主要是所处的社区环境以及工作单位等；第三是微观层面，是指个人的周围生活圈，主要是指家庭环境、各种家庭关系等。

有研究发现，当人面临一个全新的行为方式时，人的中枢神经系统会显示出相应的可塑性和变化性，期间人的荷尔蒙水平和中枢神经质均会发生一定的变化。这就表明，个人在成长过程中的变化不仅仅是内在身体系统发生变化的过程，也是一个外部环境干预的过程，因此，积极心理学认为，积极人格特质的形成，不仅仅是个人内驱动力的结果，同样也依赖于良好的外部行为和积极的外部环境。

人的潜力不是无缘无故被激发和挖掘的，总是在特定的环境中遇到特定的事物时才会被激发，而这种潜力一旦被发掘，就会提高个体的认知能力和行动能力，发展成为积极的行为方式，进而影响个体生理机制的变化和积极人格的形成。因此，积极力量的重视和唤醒是非常有必要的，通过发展个体的积极行为、打造积极的外部环境来促进个体美好品质的发掘，进而稳定发展成积极的人格。

从生物进化的角度来讲，因为现在的社会环境与以前祖先生活的环境差异巨大，因此，人们在精神和生活上时常会有所不适，阻碍了积极精神状态的发展，而有些进化出来的机制又因为非常有效，所以被保留下来，如一直被当作负面情绪的"嫉妒"，正是人们时刻保持警惕以确保其配偶保持忠诚的进化机制。因此，环境的变化不仅直接影响人的生理机制，还会影响人精神状态的发展，不断对人进行改造。

第三章　大学生心理健康教育现状与发展

目前的大学生心理健康教育还存在着很多不足之处，这些问题都有待我们去解决。为适应社会对人才的高要求，各高校应该对大学生心理健康教育和积极心理学进行系统性研究，为推进大学生心理健康教育事业的发展提供实质性帮助。本章分为高校大学生心理健康教育理论指导与概况、积极心理学与传统心理健康教育方法的比较、积极心理学对大学生心理健康教育的意义三部分。主要包括高校大学生心理健康教育的主要理论依据、高校大学生心理健康教育概况、积极心理学与传统心理健康教育方法的比较分析、积极心理学的作用、积极心理学对心理健康教育的重要意义等内容。

第一节　高校大学生心理健康教育理论指导与概况

一、高校大学生心理健康教育的主要理论依据

通过相应的心理健康教育，可以培养大学生良好的心理素质，促进其身心和谐发展和素质全面提高。在大学生心理健康教育活动的开展过程中，教育工作者应对和心理健康教育相关的理论、方法、技术以及手段等具有深刻的理解，并形成自身的理论素养，以便于更加科学、系统地针对当代大学生展开心理健康教育工作。下面将对大学生心理健康教育的主要理论依据进行较为深入的探究。

（一）马克思主义关于人的全面发展理论

马克思揭示了人的本质，为心理健康教育提供了理论基础。首先，人存在于自然界中，其本质具有自然属性，这就揭示了心理健康教育的生理基础，也就是说在关注心理健康的同时，不可以忽视人生理健康的问题，要关注个体身体机能

的变化。其次，人处于社会中，与其他个体构成了各式各样的社会关系，这就是人类的社会特质，这种社会属性在一定程度上体现了心理健康教育的社会方面，启示人们关注人类心理健康的同时需要剖析其社会关系，了解与他平时相处的人群。最后，人的最根本的本质还是实践，这就是所谓的心理健康教育的实践基础，加强大学生心理健康教育，必须不断地寻找有效的方法和途径。

马克思认为，人的全面发展作为人自身发展的高级形态，是人类社会历史发展的必然趋势。这种说法的对立面是人的片面发展，马克思是这样解释人的全面发展的："人以一种全面的方式，也就是说，作为一个完整的人占有自己全面的本质。"[1]其中主要包括以下几层含义：人的劳动能力的全面发展、人的社会关系的全面发展以及人的个性的全面发展。要想培育出全面发展的人，就一定要关注其心理健康，因此，有必要借助一切有可能的相关要素，对大学生进行个性塑造和能力培养，放到与知识理论教育的同等地位，尽力培育出综合素质过硬的大学生。

（二）社会生态系统理论

1. 社会生态系统理论的内涵分析

（1）社会生态系统理论的理论背景

社会生态系统理论，反映了个体的发展过程，是一个层层嵌套的巢状结构，包含了一系列相互嵌套的环境系统。社会生态系统是人类社会生存和发展的重要基础。它具有独特性、自组织性、不可预期性、极大的稳定性、阈值效应和对历史的自我依赖等特征。它指的是个体与个体所处的社会系统之间复杂的相互作用。社会生态系统包括资源系统、资源单位、管理系统和用户几个部分。系统之间互相作用，同时也受到整体系统的反作用。

社会生态系统关注人类社会与自然环境之间的整体性与协调性。它将社会系统与生态系统高度地融合。虽然人类可以对两种系统分别进行认识，但是将两个不同的系统整合起来就很难轻易断开。人类社会依赖、影响自然环境，也与自然和环境相互作用，但直到 20 世纪 70 年代才被视为一个科学问题。1981 年，中国生态学家马世骏提出了一个复杂的社会经济 – 自然生态系统。1991 年，中国科学院院士吴传钧提出了一个与人类土地相关的区域系统。2001 年，中国科学院院士

---

① 马克思、恩格斯.马克思恩格斯选集（第 1 卷）[M].北京：人民出版社，1957.

叶笃正提出了有序适应人类的想法。上述研究基于人与自然环境和谐发展的科学理念，考虑了生态环境与社会发展之间的相互关系。

19世纪中叶，英国生物学家达尔文（Charles Robert Darwin）对物种起源进行猜测而提出一种假说，这就是进化论，"适者生存"是达尔文进化论的核心，而生态系统理论最早即可追溯到进化论。生态系统理论是一个动态的开放系统，它随着时代的不断发展，在不同专业学科学者们的深入研究下，又吸收了其他的理论概念，内涵更加丰富。20世纪初，有学者提出了"社会处遇"和"人在情境中"的理论范式，除了进行理论的研究深化，还开展了诸多实践加以推广，这对于社会生态系统理论的发展及其演进发挥了导向作用。随后，越来越多的学者关注到生态系统理论，并结合研究实际，开展了对生态系统理论的深入研究，对生态系统理论的发展作出了巨大的贡献。20世纪20年代，芝加哥社会生态学派从实际出发，讲求经世致用，为解决城市问题，对生态系统的组成进行了调查研究。1935年，英国生态学家坦斯利（A. G. Tansley）提出生态系统理论的概念，但仅考虑到了人类与社会都是系统的组成部分，却没有意识到系统内部以及系统之间的关系。

进入20世纪70年代后，生态系统理论的研究成为社会学研究领域内学者们重点关注的热点话题。1979年，著名心理学家布朗芬布伦纳（Urie Bronfenbrenner）在《人类发展生态学》一书中，对人类行为的发展进行了生态学式的阐述。

在20世纪80年代，诸多学者对生态系统理论的内容进行了整合，综合前人对于该理论的研究，提出了自己的见解，例如，有学者由此提出了"生态系统模型"。该模型认为社会工作实务的核心是要把人置于生活中，也就是要把个体放入环境当中，尤其还要重视人与环境之间的相关影响以及互动关系的存在，如人与其生活环境、成长经历等之间的相互联系。

此后，生态系统理论不断发展，现代生态系统理论代表人物查尔斯·扎斯特罗（Charles Zastrow）提出了新的内涵与见解，这是对生态系统理论的进一步丰富。他提出人的社会环境如家庭、社区等，也可以视为社会性的生态系统，他认为人的社会环境与自然环境之间是一个整体，相互联系并且产生影响[1]。生态系统是由

---

① ［美］查尔斯·H. 扎斯特罗. 人类行为与社会环境 [M]. 北京：中国人民大学出版社，2006.

多种联系着的要素共同组成的。2009 年，诺贝尔经济学奖获得者奥斯特罗姆（E. Ostrom）研究了社会生态系统的可持续性，吸引了全球可持续性领域学者的广泛参与。

（2）社会生态系统理论的核心内容

布朗芬布伦纳认为，个体处于一系列相互影响的环境系统之中，可以分为五个层面。一是微观系统，即直接环境，包括家庭、朋友、学校等。系统对个体的影响是潜移默化的，同时也是最为深远的。二是中间系统，即微系统之间的联系，如家庭、朋友和学校之间的相互联系，若保持积极联系，有利于个体发展。三是外层系统，即间接影响个体发展的系统，如父母工作、社区等，个体未参与但是却受到相应影响。四是宏观系统，即意识形态，如法律、道德、宗教等。这是个体所处的宏观环境，会直接或者间接地影响个体的成长经历、价值观等。五是历时系统，即随着时间的变迁，个体随四个环境系统的变化而变化。该理论认为人与环境是一个相互依赖的整体，并且在互动中影响塑造着对方 [1]。因此，要想研究个体特点，必须将其放在环境中，去研究他与环境中各要素的互动关系。

布朗芬布伦纳的生态系统理论以人为中心，按照时间和空间两个维度进行分析。从空间角度看，个体所在的微观系统对个体的影响最为深刻，同时这一微观系统与其他微观、外层、宏观系统产生交互作用。个体、所在家庭关系、人际关系、人际关系之间也存在交互关系，也会受到社会导向、价值观的影响。从时间角度看，个体行为不仅受当下各个系统的影响，同时还受所有系统过去与将来的影响。人类行为选择会受限于个人视野、家庭期望、朋辈的期待、社会的许可度等方面，同时人的视野受到曾经学习经历、教育环境的影响，也会对未来学习生活产生影响，人的视野与父母的期望和朋辈的期待等之间也会相互产生影响。布朗芬布伦纳的社会生态系统图，如图 3-1-1 所示。

综上所述，这种理论有助于社会工作关注大学生心理健康，在解决其心理问题上有了全新的思路与方法。生态系统理论认为人和环境是一个联系紧密的有机整体，人的心理状态会受到其所在环境的影响，这个环境包括社会环境、原生家庭以及自己的社交环境等。当把二者客观联系起来看待时，学生心理问题也许会

---

[1] 高秀革. 生态系统理论的创始人：布朗芬布伦纳 [J]. 大众心理学，2005（5）：46-47.

有新的解决与改善办法。大学生所处的环境要比任何阶段学生所处的环境复杂，他们不只要接触学校与家庭，还要与社会环境打交道，这种错综复杂的环境也就导致大学生心理问题十分复杂。因此，相关的教育工作人员不应该只是关注大学生的心理本身，还要关注他们所处的环境，从环境出发去看待并且解决问题，将环境里面存在的影响因素分离出来，各个击破，从而保证大学生的心理健康教育得到良好发展。

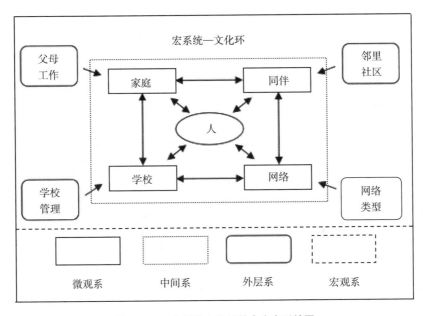

图 3-1-1 布朗芬布伦纳社会生态系统图

2. 社会生态系统理论在心理健康教育中的应用

（1）依据生态系统理论，防止高校心理健康教育形式化

布朗芬布伦纳提出生态系统理论，该理论把人们生活在其中的环境看成一个以个体为圆心扩展开来的嵌套式系统，由内而外依次分为微观系统、中间系统、外层系统、宏观系统和历时系统五个子系统。解决高校心理健康教育形式化问题，需要多个系统同时发力。

第一，提升高校心理健康教育学科建设。作为对学生最具影响力的微观系统，高校要加强对心理健康教育的重视，完善学科建设。一是要保障心理健康教育课时，严格按照规定要求进行课时安排。二是要提高教师素质，多渠道开展引进来、走出去的方式，加强教师自身专业修养，在保证课时的前提下，追求高质量的心理健康课。三是要加强与家长的沟通，心理健康课不同于其他课程，学生的很多心理问题会涉及家庭教育。高校要多与家长沟通，开展多种形式的家校协作活动，共同促进学生心理健康发展。

第二，加强机关监管力度。按照生态系统理论，学校机构之上的监督机关属于学生生活系统的外层系统。高校心理健康教育活动的开展情况需要监察机关的督导，要建立长效的督导机制，并将督导情况进行反馈。督导并不是为了检查出问题，而是为了发展，确保高校心理健康教育有序、有效的开展。

（2）基于生态系统理论，构建完善的社会心理服务体系

社会心理服务体系的构建是一个多系统参与的过程。生态系统理论强调各个系统之间的交互作用，因此，完善的社会服务体系的构建，需要学校、家庭、社区、社会相互协作，共同推进。

第一，构建"家庭—学校—社区"三位一体的网络体系。家庭、学校、社区作为学生生活的微观系统，三者应相互耦合，建立"家庭—学校—社区"三位一体的互通网络体系，为学生心理发展提供良好的直接环境。高校应开展形式多样的家长座谈会、系列讲座、家校协作、教育进社区等活动，将科学的心理健康教育理念传递给家庭、社区。同时，家庭、社区应积极通过这些教育理念，给学生提供支持性的生活环境，从而给学生提供良好的微观系统及中间系统。

第二，构建社会部门协同发展的支持保障体系。第三个环境系统是外层系统，指那些学生并未直接参与却对他们的发展产生影响的系统，包括各社会职能部门、咨询治疗机构等，为学生心理健康提供政策支持、技术服务等保障性工作。例如，社会职能部门需要完善扶持机制，支持并引导开展多种形式的社会心理服务活动，激发社会活力。高校对于有严重心理问题的学生进行转介时，社会咨询治疗机构可以及时地接收。可见，高校心理健康教育的发展需要全社会共同参与，建立自上而下、协同完善的网络体系，从而加快推动高校心理健康教育的发展。

（三）协同学理论

1.协同学理论的内涵分析

（1）协同学相关概念

协同学，又称协同论或协和学，是由德国理论物理专家学者赫尔曼·哈肯

（Hermann Haken）在 20 世纪 70 年代创立的一门全新综合性专业学科，它以复杂的开放系统内各个子系统协同工作的方式为研究对象，分析研究不相同类事物的共同特点及其协同原理，重点探讨多种系统从无序发展为有序状态时的相似程度。协同论是系统理论的分支学科，与耗散结构论、突变论合称"新三论"，是系统论、控制论、信息论这"老三论"的新发展。

协同学认为，千差万别的系统，虽然其特征属性不相同，但是在整个环境里，每一个系统间存在相互作用而又互相合作的相互关系。这其中也包含普通的社会问题现象，例如，不相同单位之间的互相合作和配合，部门间的相互关系协调管理，公司之间的市场竞争以及系统里的互相干扰与约束等。协同指的是受序参量支配的应用子系统之间的联合运动。序参量之间的联合和竞争确定了体系从无序到有序的加深发展进程。协同学中有如下重要的基本概念。

①相变。系统存在有序和无序两种状态，所谓相变就是系统在有序和无序间动态变化的过程，当系统主导反馈的性质发生变化，则度过一个相变。一般的相变是应用子系统间不相同聚集分布状态之间的转化，是一类大量系统具有的突变，是一种临界现象。相变在自然界和社会中无处不在，如自然界中冰与水的转化、社会中如苏联的解体。标志相变出现的参量就是序参量。

②控制参量。协同学所分析研究的系统属于对外开放系统，外界实际环境作用在系统本身的物质、能量以及数据信息等基本要素都会对系统内部之间的联合作用效应形成严重干扰，上述出自外界环境的影响因素也就是控制参量。在控制参量的影响驱动下，系统越过了临界点，刺激催生全新的序参量，产生多种条理性组成结构与不稳定分布状态。

③序参量。为研究分析系统各构成部分的微观行为活动，协同学第一步引进了状态参量这一类概念。但是在大量微观变化量里，仅有一个或者一些多个状态参量对剩余参数发挥着役使作用，与此同时，也受到其余参量的共同影响，它们虽然数量较少却决定着系统的宏观结构和运动方式，即为序参量。通过序参量的确定，不仅仅能够用于描述系统在特定时间进程中的存在模式与性能，并且还能够借此来把握各基本要素、应用子系统等构成部分的演化状态和行为。一方面，序参量是因为系统内部很多应用子系统相互竞争与联合而形成的；另一方面，它又发挥着支配或者役使各应用子系统的作用，主导负责了系统的总体演化发展历

程。序参量和子系统之间的关系，如图 3-1-2 所示。

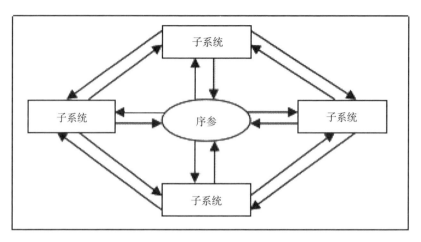

图 3-1-2　序参量与子系统关系示意图

④自组织。自组织指的是一个系统在机制的驱动下，自主从简易朝向庞杂、从粗糙朝向细致方向发展进步，不断地提高自身的复杂度和精细度的过程。假如系统在获取空间的、时间的或者功能的结构过程中没有外部的特定干扰，则系统是自组织的。"特定"指的是系统的组成构造与作用功能并不是外界强加的，而且外界是以非特定的方式作用于系统的。

（2）协同学原理

①协同效应。所谓协同效应，是指因为联合作用而形成的最终结果，一个复杂开放的系统是由很多子系统组成的，这些子系统因为互相作用会形成"1+1 ＞ 2"的作用效果，进而产生整体作用效应或者集体作用效应。不管是自然系统还是社会系统，都存在联合作用。对于任何复杂系统，当在外来物质、数据信息、能量达到某一种临界值时，联合作用就会在子系统相互之间形成。这类联合作用使系统在临界点实现突破，产生质变，形成协同效应，使系统从无序分布状态发展为有序状态，从混沌里形成某一种稳定的组成结构。

②伺服原理。伺服原理又称支配原理、役使原理。事物在变化发展的过程中存在两类变量，一类是快变量，一类是慢变量。系统中占多数的快变量变化很快，在接近临界点时，遇到的阻尼大，常常在还未对系统发挥作用时就已经消失；而慢变量则变化慢，遇到的阻尼小，贯穿于事物发展的各个阶段，进而发展为对系

统演化起着支配作用的序参量。正如协同学的创立者哈肯所说，序参量以"雪崩"的发展态势席卷整个系统，把握全局，主宰系统演化的整个过程[①]。

③自组织原理。自组织是相比较于他组织来说的。他组织代表着组织指示与组织管理综合水平源于系统外界，自组织代表着系统中内部各子系统遵守指定的基本规则与指定的组成构造或者作用功能，而不需要外界指示，所以，自组织具备内在性与自发性的特征。自组织解释了当外在环境产生改变时，在外界物质、信息、能量流涌入的条件下，系统会通过大量子系统之间的协同而不断调整，从而去适应这种变化，形成新的时间、空间和结构功能以达到有序状态，自组织现象是系统协同运动在宏观上的表现。

2. 协同学理论在心理健康教育中的应用

以协同学理论为指导，探索大学生心理健康教育工作路径。以校内外教育主体为主动协同和教育客体心理弹性提升的主要序参量，确定心理健康教育高校内部协同、高校与社会协同、高校与家庭系统的三个维度，各个维度有机协作，相互促进，使得系统整体效应大于部分之和，最终达到"$1+1>2$"的协同效应。

（1）大学生心理健康教育高校内部协同

第一，心理健康教育目标协同。心理健康教育目标按层次高低分为初级、中级、最终目标。

高校将预防和干预心理疾病发生作为初级目标。保障危机学生的人身安全是高校心理健康工作的重中之重，需要校内外通力合作，家长做到信息沟通及时或做好陪读，提供情感支持和物质基础；学校建立横向上有家长、校企合作单位、精神科医院参与的四级网络系统。精神障碍学生在康复之后或者病情稳定期，可遵循自愿原则反向服务学校所在社区或者户籍所在社区，提升其环境适应能力。中级目标的对象是各二级学院的重点关注群体，努力完善心理调节，多角度地提供社会支持，提高抗挫与耐挫的能力。最终目标是促进心理健康，健全人格，适应社会，挖掘潜能。协同主体通过专业教育和心理健康课程教育等方式提升大学生的心理健康素养，进而协助学生完成自我认识，自我悦纳，实现自主、互助与助人的目标。

第二，心理健康教育内容协同。针对不同的群体其心理健康教育内容也有所

① 宋锋林. 行为与认知发展 [M]. 北京：北京邮电大学出版社，2021.

不同。协同主体中学校管理者必须形成心理健康教育工作格局，熟悉国家有关政策法规，了解学生心理健康的总体水平，支持心理健康通识课程的开设和队伍建设；教师队伍需要学习危机识别与干预、心理咨询辅导等内容，提升教师心理素养；朋辈互助队伍体验心理咨询、团体咨询与辅导，了解心理疾病的相关症状与概念，掌握心理危机参与者角色的相关内容；后期保障队伍，如安保人员、宿舍管理员、物业公司保安保洁员等学习危机识别干预相关培训，明确上报的流程，扩大心理危机早发现早报告的渠道；大学生个体需要充分发挥主观能动性，提高自身的心理素养，增强自身的心理弹性。

第三，心理健康教育途径协同。大学生心理健康教育要注重课堂教育与课外活动教育的结合，也是常说的第一课堂和第二课堂的教育。以往我们认为大学生心理健康教育的途径仅依靠心理健康通识课程，而实际上专业学科教学也是思想政治教育和心理健康教育的良好途径。另外，在探索心理健康通识课程教学之外，很多学者致力于第二课堂的探索，如心理健康活动、团体辅导、心理沙龙、心理剧、心理咨询体验等。第一课堂与第二课堂在教学内容、教学组织形式、教学方法、师资等方面协同起作用，方能达到教学效果的最大化。

（2）大学生心理健康教育高校外部协同

通过质性研究对学生群体、心理健康教育教师和专家进行关于大学生心理健康影响因素的访谈，学生和心理健康教育专家认为大学生心理健康教育工作除了学校发挥作用之外，常住地区政府的相关政策也为教育工作提供了政策保障，而家庭是人格形成的培养基础，精神（心理类）的专科医院、合作企业、社区也是心理健康教育工作得以进行的有效资源。因此，应该合理发挥高校外部各主体的作用。

（四）行为主义理论

1.行为主义理论的内涵分析

行为主义由美国心理学家华生（John Broadus Watson）创立，并由桑代克（Edward Lee Thorndike）、斯金纳（Burrhus Frederic Skinner）等人丰富发展，得以逐渐成熟。行为主义学习理论将学习看作是刺激和反应的一种活动，认为行为的习得是对刺激的习惯性反应。根据行为主义理论，教育的责任即为强化刺激—反应联结，教学的目的就是提供特定的刺激，以便引起学生特定的反应。因此，在教学过程中，要对学习环境的设置、课程材料的设计和学生行为的管理作出系统的安排，以期达到最好的强化效果。

斯金纳的程序教学法是行为主义有效安排强化刺激—反应联结的典型代表。程序教学指的是，将各门学科的知识按其中的内在逻辑联系分解为一系列的知识项目，这些知识项目之间前后衔接，逐渐加深，然后让学生按照知识项目的顺序逐个学习每一项知识，伴随每个知识项目的学习，及时给予反馈和强化，使学生最终能够掌握所学的知识，达到预定的教学目的。斯金纳把程序教学的教材分成若干小的、有逻辑顺序的单元，编成程序，后一步的难度略高于前一步。其基本步骤为显示问题→学生解答→给予确认→进入第二小步……像这样小步子呈现知识，学生循序渐进地学习，更容易理解也更容易对所学知识作出积极反应。

因为行为主义教学理论对学习环境的设置、课程材料的设计和学生行为的管理都作出了系统的安排，所以，该理论能够有效提高教学效果。高校心理教师结合行为主义教学理论，运用程序教学法，对教学内容、教学方法、教学环境进行合理设计，能够有效提升教学效果。

2. 行为主义视角下加强心理健康教育的意义

行为主义是西方心理学影响最大的流派之一，对高校心理健康教育工作的开展具有重要的理论指导意义。行为主义视角下，高校加强大学生心理健康教育的重要意义主要体现在以下几点。

第一，加强大学生心理健康教育，提高大学生心理健康素质，是促进大学生健康发展的重要前提。大学阶段有着非常丰富的教学内容，包括学习、爱情和求职等方面。大学生要认真对待这个阶段的每项内容，因为这些内容直接影响自身未来的发展，对今后的人生有着决定性作用。首先要让自己拥有健康的心理。心理健康的大学生，有着正常的思维、积极乐观的态度、敢于拼搏的精神和健全的人格，他们往往能够不断激发自身潜能，以一颗平常心面对学习和生活中的各项事宜，完成繁重的学习任务，与他人良好的沟通交流，正确看待爱情问题，在社会中寻求自己的一席之地。而存在心理健康问题的学生，则无法以正确的态度和方式去学习和生活。

第二，加强大学生心理健康教育，提升大学生心理健康水平，可以增强大学生适应环境的能力。在学校学习期间，大学生要适应与以往不同的学习环境、新的人际关系；毕业后，要适应工作环境、学会与社会中的人相处、组建家庭等。有的大学生适应能力非常强，他们能在各种环境中找到利于自身发展的因素，不断促进自身良好发展，从而更好地生存；有的大学生适应能力较弱，即使在有利的环境中，也不能促进自身发展。大学生适应能力强或弱与其是否有健康的心理密切相关。拥有健康心理的大学生往往能适应各种环境，同时能随着环境的改变而不断调整自己的心理和行为。而有心理问题的大学生，往往无法及时调整自己的心理和行为，很难适应新的环境。

3. 行为主义理论在心理健康教育中的应用

行为主义理论在心理健康教育实践中有着广泛的应用。总的来说，行为主义理论的应用主要体现为以下几种方式。

（1）系统脱敏法

"系统脱敏疗法"（systematic desensitization therapy），也称缓慢暴露、交互抑制法，由美国南非裔精神病学家沃尔普（Joseph Wolpe）在 20 世纪 50 年代创立，在中医行为疗法中也称之为习见习闻法，它是把个体置于能引起他惧怕的情境中，同时要求个体从事与恐惧相对抗的活动，如放松。情境的恐惧程度对于个体而言是逐渐递增的，通过放松产生的愉快情绪，不断地抑制恐惧情绪，以使恐惧得以脱敏（即减弱或消失），从而达到行为矫正目的的一种行为矫正方法。

传统系统脱敏疗法主要是患者在他所想象的恐惧情境中进行脱敏，但在实际使用中，有学者表示患者的想象活动较难实施或干预者对患者的想象活动较难实现有效的监督和控制，所以，在现实使用中，研究者们发展了这一方法的若干变式。相关学者通过已有变式的分析和总结，试图探索出适合青少年对事物恐惧的脱敏组合方法，从而为个案研究的干预过程提供一定指导。关于系统脱敏疗法的变式，具体阐述如下。

①真实情境脱敏。真实情境脱敏（in vivo desensitization）与传统系统脱敏最大的不同就是用造成恐惧反应的实际刺激事物或情境来代替对它的想象而进行的脱敏。整个脱敏过程由干预者陪伴患者一起通过一系列患者所感到恐惧的现实情境，直至能面对原来最害怕的情境而不再感到恐惧为止。例如，使用真实情景脱敏对一位动物恐惧患者进行治疗，使患者的恐惧症状得以消除。在真实情景中的

脱敏，患者所产生的各种恐惧和不适应都是最真实的，避免了患者不能进入想象情境的情况，也有利于脱敏效果的直接观察。

②接触脱敏。接触脱敏（contact desensitization）是采用按恐惧等级进行并结合真实情况逐级暴露的做法。它让患者先观察干预者或其他人是如何处理引起患者恐惧的事物或情境的，然后让患者一步一步地照着做。它与传统系统脱敏的不同之处是增加了示范、模仿、接触、信息反馈、练习等环节，特别适用于对特殊物体的恐惧。

③自动化脱敏。自动化脱敏（automated desensitization）是干预者通过与患者进行深入交谈了解后，将患者的焦虑情境制成录音、录像或多媒体材料，并在其中加入必要的干预指导和有关范例。然后，让患者自己听录音，或者看录像，或阅读计算机屏幕上显示的焦虑情境，从而达到脱敏的目的。使用这种方法，患者可以在家中独立使用，节省了干预者大量的时间，也使当事人在脱敏过程中有较大的自主权，能够根据自己的实际情况决定自己脱敏的进程和速度，这能在一定程度上减少脱敏干预中可能出现的一些不良反应。自动化脱敏可以单独使用，也可以作为准备环节在运用其他方法中使用，还可以在运用其他脱敏方法干预中作为一项辅助作业来使用。

④系统自我脱敏。系统自我脱敏是一种自我干预的过程，患者自己安排自己通过不同的脱敏阶段。在脱敏过程中，患者扮演患者和干预者的双重角色，随时掌握脱敏的进展情况，每次训练结束，在纸上记录成功地想象特定项目的有关数据和资料，便于患者自己把握脱敏的速度和步子。

⑤团体系统脱敏。团体系统脱敏（Group Systematic Desensitization）遵循和传统系统脱敏相同的基本步骤，适合于5～8个人组成的团体实施。多数团体脱敏的治疗研究都集中在与学业有关的领域，如考试焦虑、谈话焦虑、阅读困难等。如有学者曾使用团体系统脱敏治疗考试焦虑的学生，单纯放松组和控制组相比，考试焦虑有显著降低。这种方法引人注意之处在于能同时对多个患者进行干预，提高了治疗效率。从社会工作视角来看，团体系统脱敏可以运用朋辈群体的力量，为各患者提供支持、情感交流及经验分享等。

⑥虚拟现实与系统脱敏疗法相结合。虚拟现实技术（Virtual Reality）是一种新兴的现代科学技术，是一种可以通过虚拟仿真系统在计算机中创建虚拟世界，

并借助人机交互设备体验虚拟世界的技术。传统系统脱敏疗法所需要的实际情境构建成本较高，刺激等级分布不能做到均匀，且难以保证患者的安全性和隐私性，故传统的治疗方案日益不能满足现代人的需要。

⑦情绪性意象法。这个方法的主要特点是通过形象化的描述，诱发患者兴奋、骄傲和欢乐等积极的情绪情感活动。这些积极的情绪情感活动显然与由恐惧刺激物所引起的焦虑反应互不相容，从而就可以逐渐抑制和消除恐惧的心理。

系统脱敏疗法的具体操作方法和步骤如下。

首先，对某种对象产生过分敏感反应的当事人进行全身松弛训练，放松其身体各部位。

其次，心理咨询辅导员建立焦虑刺激强度等级层次，由当事人想象从最恶劣的情境到最轻微焦虑的情境。

最后，将焦虑刺激想象与松弛训练活动结合起来，让当事人做肌肉放松，然后想象从焦虑刺激的最轻微等级开始逐步提高，直到最高等级也不出现焦虑反应为止。若在某一级出现了焦虑紧张，就应退回到较轻的一级，重新进行或暂停。

（2）厌恶疗法

厌恶疗法是用惩罚的、厌恶性的刺激，通过想象来消除或减少某种适应不良行为的方法。该方法的原理是把令人厌恶的刺激，如电击、药物、呕吐、刺痛、语言斥责、想象等，与当事人的某种不良行为相结合，形成一种新的条件反射，以对抗当事人原有的不良行为，进而消除其不良行为。

在心理健康教育和心理辅导中，最常用的方法是运用想象产生厌恶以抑制不良心理与行为。想象厌恶法，是将心理健康咨询师或辅导员口头描述的某些厌恶情境与当事人想象中的刺激联系在一起，从而使当事者产生厌恶反应，进而达到减少或中止某种不良行为的辅导目的。

厌恶疗法是一种惩罚性的方法，带有一定的非道德性，心理健康咨询师或辅导员在使用该方法时应事先征得心理求助者的同意。

（五）人本主义理论

1. 人本主义理论的内涵分析

（1）人本主义理论的背景介绍

20世纪60年代的美国，一种新的教育思想——人本主义理论，诞生在倡导教育改革运动的思潮中，被称为西方心理学"第三势力"，以罗杰斯（Carl Ransom Rogers）为主要代表。人本主义思想家们认为，人非社会实体而属于自然实体，自然人性等同于人的本性，人性源于自然。

在心理学的研究中，首先，人本主义主张探索真正属于人性各范畴的复杂经验与矛盾，把人的心理研究转向对人本性、潜能、价值、创造与自我实现。其次，人本主义认为人可以依据自己的意愿证明自身存在的价值，凭借个体的主观能动性与自由选择能力来达成无限的自我潜能，建构与之相匹配的自我实现的人生。最后，人本主义认为对人的探究不同于对动物的探究。

（2）人本主义理论的主要观点

①高峰体验。马斯洛在对一些有相当成就的人进行调查时发现，这些人常常提到生命中曾有过的一种特殊的情绪体验，这种情绪体验使得他们获得人性解放、心灵自由，照亮他们一生。马斯洛把这种感受称之为高峰体验（peak experience）。心理学家认为，高峰体验是指人在进入自我实现和超越自我状态时所感受的一种广阔和极度兴奋的喜悦心情。高峰体验时人一般都觉得他处在自己能力的顶峰，觉得能最好地和最完善地运用自己的全部智能。

在高峰体验过程中，个体通常会处于一种忘我的无忧无虑的心境中，能消除畏惧的干扰，趋向积极的追求，因而容易获得成功。马斯洛认为，高峰体验是不常出现的，但又是多数人都曾有过的[①]。它在科学和文艺的创作中，很容易被激发出来，能使人完全没有畏惧、焦虑、压抑、防御，抛弃了克制、阻止和管束。但是，个体高峰体验的时间和次数都是有限的，如果个体在遇到高峰体验时能充分利用它，那么就会有创作和新发现。例如，著名的画家森特·威廉·梵高（Vincent Willem Van Gogh）往往就是在自我的高峰体验中创作出优秀的作品，他把生命的最后几年完全献给艺术，他就像被某种东西支配着，牺牲了一切，包括自己的健康乃至生命去绘画。这其中的"某种东西"就是人的高峰体验。

②需要层次理论。人本主义思想源于20世纪60年代的美国，马斯洛和罗杰斯是其主要代表人物。其中马斯洛的需要层次理论将需求分成第一层生理需求（Physiological needs）、第二层安全需求（Safety needs）、第三层爱和归属感（Love and belonging）、第四层尊重（Esteem）和第五层自我实现（Self-actualization），

---

① 林方. 人的潜能和价值[M]. 北京：华夏出版社，1987.

依次由低向高层次排列。

呼吸、水、食物、睡眠、生理平衡、分泌、性，被称为生理需求。如果这部分需要（除性以外）任何一项得不到满足，人类个体的生理机能就无法正常运行。简言之，人类的生命就会因此受到危害。从这个意义上说，生理需要为人类的行动提供了首要动力。

除生理需要外，还有安全、爱和归属感、尊重以及自我实现的需求。其中，人身安全、身体健康、资源所有性、财产所有性、道德保障、工作保障、家庭安全为安全需求。友情、爱情、性亲密为爱和归属感的要求。自尊、自信、成就、相互尊重为尊重的需求。需求的第五层次也就是最高层自我实现，即个人思想、理念、抱负的实现，发挥个人能力到最大程度。达到自我实现境界的人既能接受自己也可以接纳他人。从自身能力来说，达到自我实现需求的人独立解决问题的能力会增强，自律性也得到极大的提升，并能完成与自己能力相匹配的一切事情。

从需求理论可以看出，人们总是先满足较低层次的需求，再逐步向较高层次的需求递进，在满足低层次需求后，高层次需求会成为新的激励因素。较低层次的需要偏重于物质生活方面，表现刚性，弹性较小，易于追求和满足。较高层次的需要偏重于精神生活方面，表现柔性，弹性较大，不易追求与满足。此外，人们的需求结构较为复杂多变，各种层次的需求之间也会有相互重叠的部分，也可能会存在某一时期具有多种需求的可能性。总之，人类历史，从需要的角度而言，就是一部不折不扣的人类产生需要、满足需要的历史。

③人本主义教学观。对人本主义教学观的介绍和研究可以从三个方面来展开，分别是人本主义教学观的内涵、主要观点和主要模式。

其一，人本主义教学观的内涵。人本主义教育思想源于人本主义心理学，是在人本主义学习观的基础上形成并发展起来的一个心理学流派。人本主义心理学是 20 世纪五六十年代在美国兴起的一种心理学思潮，其主要代表人物是马斯洛和罗杰斯。他们认为每个人都具有发展自己潜力的能力和动力，主张教育要以学生为中心，重视情感的发挥以及强调人的自我实现。罗杰斯从人本主义的立场出发，认为教育应该把学生培养成富有灵活性、适应性和创造性的人，学生的个性在教学过程中也是能够得到充分发展的[①]。

---

① 雷颖 . 罗杰斯人本主义理论的内容及意义 [J]. 青春岁月 ,2015(21):260.

其二，人本主义教学观的主要观点。罗杰斯"以人为中心"的理念是人本主义心理学教育观的核心和基础。教育的目的和宗旨是学会尊重、理解和信任人。学生处于主体地位，学生学习的主要任务是学会学习、适应变化，倡导内在学习及其意义，重视情感等非智力因素的动力功能，注重创造力的培养，提倡建立民主平等的师生关系，创造最佳的教学心理氛围等。

一是尊重学生，坚持以学生为中心。人本主义教育思想中，教师、教室、学校的注意力都聚焦在人的身上，也就是学生的身上。在教与学的选择上，侧重于强调学的地位。学校为学生而建，教师为学生而教，学生是课堂的主人。教师在教学中要注重学生的学习方式与学习状态，善于启迪、乐于指引，将学生的各项能力充分发挥出来，让学生成为一个全面发展的人，进而能够很好地适应社会。同时还应包容学生，尊重学生的个性，鼓励学生在课堂上敢于发言、敢于质疑和勇于表达自己的内心世界，并暗示学生不怕犯错。例如，对于学生的错误答案不是嘲笑与讽刺，而是在恰当纠错后一步步引导学生说出正确的答案。

二是强调学生的"有意义学习"。罗杰斯将学习分为两类，一类是无意义学习，另一类是有意义学习。有意义学习提倡学习实践应该与学生的自身体验相结合，让学生在课堂中亲身体验，从经验中学到东西；提倡自发地学习，只有学生自己发现、学到的知识才是有意义的。反对机械学习，认为学生需根据自己的兴趣去探索求知；提倡教育应该是知情意相结合的，让学生整个人全身心地沉浸在学习过程中；提倡自我评价，认为当学习者以自我评价为主要依据且把他人评价放在次要位置时，就打破了学生对教师看法的依赖，从而大大促进了学生独立性、自主性和创造性的培养[①]。总的来说，有意义学习利于提高学习效率，利于学生学业的长久发展，且还会让学生快乐地认为学习是件有意思、有意义的事情。

三是注重情感，倡导建立良好、和谐的师生关系。良好的师生关系是相互依赖、相互促进的，因此，教学效率的高低很大程度上与师生关系有着直接的联系。学生具有可塑性和向师性，良好师生关系的形成关键在于教师。教师必须是一个"真正的人"，有着坚定的信念、高尚的人格和美好的品德。教师善于倾听和发现学生真实的内心世界；充分信任、理解学生，真诚相待每位学生。

众所周知，爱与微笑是没有国界的，教师用爱的实际行动去温暖学生是最理

---

① 李洋，雷霁著. 罗杰斯心理健康思想解析 [M]. 杭州：浙江教育出版社，2013.

想不过的。尊重学生的独特性，包容学生的个性，经常与学生沟通交流，解决学生遇到的学习难题和生活难题，做学生的知心人与朋友，这样持之以恒或者循序渐进地了解学生、帮助学生后，学生就会自然而然地接近教师，形成和谐、融洽的师生关系。

其三，人本主义教学观的主要模式。人本主义教学观的主要模式是罗杰斯的非指导性教学。罗杰斯在提出"以患者（被咨询者）为中心"心理咨询疗法的基础上提出了"以学生为中心"的非指导性的教学模式。他极力批判传统教学将教师和书本置于教学活动核心位置的做法，提出教学活动应把学生放在居中的位置，所有的教学活动都应根据学生的需要和全面围绕学生的发展来进行。

非指导性教学的实施策略分为以下几步：第一，教师应对自己坚信不疑，教师当对学生的独立思考及自学能力充满信任。第二，教师应同其他人共同担负起教学活动责任，课程计划、教学管理、经费预算、政策制定等都应是一个小组的共同责任。第三，教师为学生提供学习资料。第四，学生探索自己感兴趣的问题，在探索的过程中，每个人就自己的学习方法作出选择，并对这些选择所产生的结果负责，据此形成他们自己的学习计划。第五，提供一种有利于学习的气氛，这是一种充满真诚、关心和理解的气氛。第六，学生的重心集中在学习过程中的体验，学习内容虽然重要，但却是第二位的。第七，强调自我训练，学生将训练看成他们自己的责任。第八，重视自我评价，小组成员或教师的反馈信息也会影响学生的自我评价。第九，在这种促进成长的气氛中，学习活动得到有效开展。

教师是课堂的促进者。教师在课堂中引出问题后由学生自己主动探究学习，教师只是帮助学生组织材料，以小组成员的身份参与其中，为学生服务并和学生一起分享本节课的收获。同时，要发挥促进者的作用，教师应处理好与学生之间的人际关系，真诚对待学生、真正理解学生和坦然接受学生。

2. 人本主义理论在心理健康教育中的应用

现阶段高校大学生心理健康教育中存在的问题要求高校必须逐步完善大学生心理健康教育体系，为减轻大学生心理压力、解决大学生心理问题提供有力的支持，为促进大学生的健康成长提供保障。为此，高校应在人本主义心理学理论的指导下，在完善高校心理健康教育理念、创新心理健康教育形式等方面创新高校大学生心理健康教育。

（1）完善高校心理健康教育理念，坚持"以人为本"

依托人本主义心理学理论的教育旨在促进人的发展，要求在教育过程中要设定与人的发展相吻合的目标，要为人的自我实现提供辅助作用，达到完善人格的目的。传统教学中，教师在对学生的个人价值进行评价时，往往将分数与获奖情况当成主要依据，但这种评价方法并不适用于当代大学生。

教师要意识到，每一个学生都是独立的个体，他们有着独特的个性，渴望得到他人的肯定，也有自己的闪光点。在心理健康教育推进过程中，不能盲目地"一刀切"，而要根据学生的具体情况对他们进行引导，让他们以健康的心理实现自我价值。因此，在心理健康教育过程中，教育工作者应在尊重学生主体性地位的基础上，坚持以人为本的教育理念，关注学生个体需求的满足和自我价值的实现。

（2）创新心理健康教育教学形式，提升心理健康教育实效性

心理健康教育是高等教育的重要组成部分。在具体开展过程中，教育工作者应借助一系列有意义的教育活动来开展教学活动。说教与讲座是传统心理健康教育的主要形式，对当代大学生难以产生好的效果。因此，有必要对心理健康教育教学形式予以创新，在此过程中，应注意以下几个方面。

第一，注重引导学生进行正确的自我定位。没有哪一个人能在社会中独立生存，这充分体现出人的社会属性。在错综复杂的社会关系网中，所有的外部环境因素都会对个人的自我认识产生影响，充斥社会的多元化文化思潮会给人们的价值观带来影响。大学生涉世未深，没有形成稳定的价值体系，环境变化、竞争加剧、突发事件到来，这些都让他们产生了迷茫、困惑，也会使他们对自我的认知逐渐发生改变，甚至不能正确地面对自我。为此，教师要对学生进行心理疏导，从对学生的自我认知进行分析，帮助他们解决心理困惑，摸索出实现自我价值的有效路径。

第二，注重引导学生提升自我调节能力。人本主义教学理论能对高校心理健康教育的有效开展起到重要的指导作用，教师在确定学习目标、识别问题、获取资料、解决问题等方面都要体现出对学生的尊重，要将这样的理念运用于心理健康教育中。学生一旦出现心理问题，心理咨询与疏导固然重要，但更为关键的是

学生的自我调节。为此，教师要组织一系列有趣的活动，通过活动把学生引入不同的情境中，鼓励他们运用合适的方法治愈自己的心灵。

二、高校大学生心理健康教育概况

健康是人类赖以生存和发展的基本条件之一，亦是旺盛生命力的重要标志。一个人只有在躯体、心理、社会适应和道德四个方面都健康，才算是完全健康。心理健康是指个体在适应环境的过程中，生理、心理和社会性方面达到协调一致，保持一种良好的心理功能状态。心理健康教育是以活动和体验为主，在做好心理品质教育的同时，突出品格修养的教育。从广泛和根本的意义上说，教育的总目的就是要使受教育者的个性得到全面发展。但就大学生心理健康教育而言，其具体的目标是要形成、维护和促进大学生的心理健康，从而为他们的全面发展提供良好基础。

（一）高校大学生心理健康教育取得的成效

站在"健康中国"建设和伟大复兴"中国梦"新的历史起点上，各高校抓紧落实好相关文件，以国家发展战略和地方经济社会发展人才需求为导向，以推动高质量发展为主题，以立德树人、服务需求、提高质量、追求卓越为主线，在大学生心理健康教育中采取了一些措施，取得初步成效。

1. 大学生心理健康状况整体积极向上

大学生这一群体有着强烈的求知欲望和自我提高的意愿，自我要求较高，力求尽善尽美，在学习与工作中富有严谨性，要求自己高质量完成学习任务。他们自我控制力较强，不仅对人生目标的实现具有坚定性，而且能够抑制偶尔干扰目标实现的行为与情绪。同时，大多数大学生具有稳定而广泛的人际交往关系，能够客观地看待自己、对待别人，与人相处融洽。受高等教育的熏陶，使得大学生在处事方式和人际交流过程中表现得更为游刃有余。他们的自我意识稳定且趋于成熟，想事比较周到，面对重大人生问题的抉择时，镇定从容，能够保持平衡心态，作出适合自己未来人生发展的选择。高等教育的滋养，使得大学生拥有坚强意志，无论在科研或工作岗位上均能够持之以恒、吃苦耐劳、不轻言放弃。当然，也存在部分大学生由于异地求学、所在地气候、生活差异、本科学校档次、毕业出路等主客观因素的影响，产生各种各样的心理问题，这就仍需高校持续重视和关注大学生心理健康教育工作。

2. 高校对心理健康教育重视度不断提高

心理健康关乎人体健康、人际关系的和谐、社会的稳定和协调发展，尤其随着人类文明的发展与进步，国家对心理健康教育越来越重视，出台了一系列关于心理健康教育工作的政策文件，例如，《中共中央国务院关于进一步加强和改进大学生思想政治教育的意见》（中发〔2004〕16号）、《教育部卫生部共青团中央关于进一步加强和改进大学生心理健康教育的意见》（教社政〔2005〕1号）、《普通高等学校学生心理健康教育工作基本建设标准（试行）》等文件。

各高校普遍都能遵照国家出台的有关心理健康教育的政策，与学校实际情况相结合，下发心理健康教育工作管理的文件或规定，设置有心理咨询服务中心，配备有计算机、照相机和录音笔等基本办公设备以及心理测量软件、沙盘和团体辅导活动用具等个人或团体咨询设施。多数高校也都设立了心理健康教育专项经费，建设了以专职教师为骨干、专兼结合的心理健康教育队伍，负责讲授心理健康教育课程，开展心理健康教育活动，进行心理咨询辅导工作和科学研究。另外，还有一些有条件的二级学院也逐渐开始设立心理咨询中心、心理辅导办公室、心理资料阅读室等，进行心理健康教育方面的调查研究，开设专业课程教育，接受学生的心理咨询，为学生心理健康提出指导性意见。

同时，近年来，一些地区的相关政府部门加大了对高校心理健康教育理论研究的支持力度，每年组织区内各高校开展大学生心理健康教育理论专题研究，并在大学生思想政治教育理论与实践研究课题中立项支持大学生心理健康教育研究。

3. 心理健康教育实践活动日趋丰富

许多高校因地制宜、因材施教地采取了各项教学措施以开展大学生心理健康教育。如日常的心理健康教育宣传、心理咨询、心理健康普测与建档、心理危机预防与干预工作。日常心理咨询形式主要以个体咨询、团体咨询、网络咨询为主，解决学生的发展性与障碍性心理问题；开展心理危机干预工作，对危机学生进行及时干预和转介；开展心理筛查工作，大部分高校会在新生入学之际通过网上量表的形式对学生进行心理健康测评，全面客观地诊断学生心理状态，结合结果有针对性地开展一对一心理咨询服务，或者开展团体辅导，并且建立个人档案，来对其大学生生涯心理健康进行追踪和提供有效帮助。

此外，一些高校对大学生心理健康教育工作的重要性有了较高的认识，能够结合学校自身特点在大学生中开展各种形式的心理健康教育活动。如广西科技大学研工部举办新生心理素质拓展活动、学生涂鸦减压活动；桂林电子科技大学数学与计算科学学院针对新生开展了心理健康教育课、在 5.25 活动周开展了"与爱同行"心理扶困系列活动；广西医科大学研工部召开毕业生心理减压与生涯发展专题培训会、组织"世界精神卫生日"宣传活动，都将心理健康教育寓教于乐，通过丰富多彩的活动帮助大学生舒缓心情、缓解压力，科普宣传心理健康知识，提高大学生心理素质，促进大学生全面发展。

4. 互联网信息技术助力大学生心理健康教育发展

互联网时代大学生心理健康教育开展是适应新时代发展趋势、推动大学生心理健康教育思路与理念更新的关键做法。高校心理健康教师借助互联网信息技术进一步拓展高校大学生心理健康教育的时间与空间，提升大学生主体性地位，进一步丰富高校学生对于心理健康教育知识的认识与掌握。

（1）拓展大学生心理健康教育时间与空间

互联网信息技术在大学生心理健康教育工作中的运用充分借助了网络信息技术的传播优势，拓展了大学生心理健康教育的时间与空间，对大学生心理健康教育质量的提升具有一定的积极作用。首先，互联网信息技术在大学生心理健康教育中的运用加深了对心理健康教育知识的了解。网络信息技术在课堂之外帮助大学生了解并掌握相关的心理学知识案例，加深大学生对心理学相关知识的掌握程度。其次，拓宽了高校教师与学生的眼界。大学生借助网络充分学习心理学专家学者最新研究成果与观点。最后，增加了师生之间交流沟通的渠道。教师借助网络信息技术手段给予大学生专业的咨询与辅导，对大学生心理健康水平的提升具有重要作用。

（2）提升大学生主体性地位

学生在多样化的心理健康教育教学模式下也能提升自身主体性地位，提高自主学习能力。在线上与线下相结合的心理健康教育教学模式中，教师通过线上资源为不同学习水平的学生上传不同的心理健康教学视频，学生在学习过程中突破难度壁垒，能够学习到与自身能力相匹配的学习资源，在这样的学习氛围中激发学生的学习兴趣，进而提升学生的学习能力。同时将学生的主体性地位展示出来，更加符合"互联网＋"时代培养学生的标准。学生在丰富的心理健康教育教学形式中获取主体地位，在信息技术的支持下学习了更多样的心理健康知识，提升了自身的学习能力和心理健康知识水平。

（3）丰富大学生心理健康教育内容

《教育部关于加强普通高等学校大学生心理健康教育工作的意见》明确提出，要重视大学生心理健康教育，培养高校大学生良好的个性心理品质，完善和健全心理健康教育体系。互联网信息技术在大学生心理健康教育中的运用丰富了心理健康教育内容。

首先，互联网信息技术为高校大学生心理健康教育内容的丰富提供了技术支持。高校可以借助大数据、云技术等手段对高校心理健康教育资源进行充分搜集、整理及整合，进一步缩短师生对于教育资源的搜索时间、降低搜索难度。同时，高校还可以以电子图书馆的形式对相关资料进行归档，促进大学生完善心理学知识脉络，提升大学生的学习效率。

其次，网络信息技术丰富了高校心理健康教育资源的呈现形式。网络信息技术在课堂文本形式之外，提出了新的视听结合形式，学生可以借助网络信息技术，通过短视频以及动画的形式了解相关心理健康教育知识，推动大学生心理健康教育资源的多元化。

最后，互联网信息技术促进心理健康教育内容线上线下相结合。这对于大学生实际知识储备的丰富以及心理健康教育质量的提升产生了积极影响。

（二）高校大学生心理健康教育存在的问题

近年来，各高校在大学生心理健康教育工作方面积极探索，取得了一定的成效，也积累了一定的经验。但同时仍存在一些问题亟待解决，主要体现在教育针对性不够强、教育定位不够准确、教育形式缺乏灵活性、队伍建设不够有力、教育实效性须增强等方面。

1.教育针对性不够强

一方面，教育部多次出台相关政策文件，对高校加强大学生心理健康教育提出明确要求，专家们也积极号召大力开展此项工作，顺应上级要求和时代需要，部分高校设立了心理咨询辅导机构，基本配套设施齐全，从表面上看心理健康教育工作进行得如火如荼，可事实上在相当一部分高校中此类机构的作用未得到充分发挥，有的仅仅是为了应付检查或装点门面；有的学校名为"三有"，有场地、有经费、有人员编制，实则是虚设，并未针对性地开展实质工作，使心理健康教育处于可有可无的地位。还有一些院校为展现对心理健康教育工作的重视，加大心理测试的力度，但测试完后就将真实性、可鉴性较高的数据资料束之高阁，忽视了将测试结果运用到具体教育、教学工作当中。这种流于表面的教育遮蔽了心理健康教育的本质，非但不能解决学生心理困扰，反而还会使学生产生排斥与抵触情绪。

另一方面，高校普遍认为大学生作为社会中拥有较高智力、较高知识文化水平的精英群体，必然具备良好的心理素质，因而对大学生的心理健康缺乏必要的关怀，大学生心理健康教育工作也显薄弱。因此，当被问及"您所在学校是否有针对大学生开展心理健康教育"的问题时，有超过一半的学生表示有开展，而表示不了解、没有两项的合计也超过40%。实际上，在日益激烈的社会竞争中，大学生的学业、择业和生活压力不断增大，随之就会产生愈演愈烈的心理冲突并表现出种种心理问题。因此，我们必须对大学生心理健康教育工作进行全面、系统和针对性的研究，并有机地纳入整个大学生培养体系中。

2. 教育定位不够准确

在大学生心理健康教育的开展过程中，有些教育工作者表现出对心理问题概念界定的混淆和功能定位不准确，把心理咨询、辅导与心理疾病的治疗画等号，主观地认为心理健康教育的主要任务和工作重点是帮助个别出现心理问题的学生克服心理障碍、进行心理治疗，而针对全体学生的普及性教育则很少，由此大大制约了心理健康教育的有效开展。

大学生面临着来自学业、就业、经济、人际关系等各方面的压力，可能出现的心理问题及不良行为更趋多样化，也更需要有强大的内心、良好的心理素质来应对一切。因此，预防更是心理健康教育开展的关键所在。据访谈了解，高校针对大学生心理健康教育制订相关制度和提出明确要求的较少，基本处于出现问题解决问题的状态，大学生心理健康教育主要呈现以"个别咨询辅导"为主体、"心理健康普测与建档"和"各类心理健康教育活动"为两翼的工作格局，个别咨询辅导主要面向有需求的少数大学生，类似一种补救性和被动性的存在，心理健康普测与建档虽面向全体大学生展开，但主要是通过筛选，进而对少数心理异常者予以帮助和照顾，因此，归根结底还是面向少数人，服务范围有限。

心理健康是个人综合素质的重要组成部分，要有效实现教育对人的全面发展的促进，心理健康教育必须坚持预防为主、防治结合，科学指导，面向全体。因此，目前高校大学生心理健康教育的功能定位还有待进一步的明确、完善和实现。

3.教育形式缺乏灵活性

目前，高校在开展心理健康教育工作时，以讲座、心理咨询等为主，缺乏契合学生年龄特征和兴趣特点的个性化教育形式。例如，多数情况下心理健康教育被安排成选修课。这种情况下，学生学习心理健康教育知识的方式较为单一，不利于调动学生的参与积极性，对学生个体心理健康层面的影响也相对较弱。同时，教师的心理健康教育能力也相对不足，在课堂讲授中没有体现出心理健康教育的应用性。此外，在开展心理健康教育时存在着"重两头，轻中间"的现象，把新生与即将毕业的学生当成教育重点，忽视大二、大三两个年级的学生，并且心理健康教育内容缺乏针对性。

4.队伍建设不够有力

心理健康教育作为高等教育的重要组成部分，直接影响着向社会输送健康合格人才的质量，因此，在心理健康教育正常开展过程中，心理健康教育工作者起着关键性的作用。

（1）高校教师整体心理健康教育能力相对偏低

第一，部分高校教师心理健康教育意识不强。虽然近年来国家对于心理健康教育工作愈加重视，但是从相关问卷调查结果和访谈结果来看，部分高校教师心理健康教育意识偏低，存在对心理健康教育活动不了解、不参与、不愿深入学习、形式化的态度。很多高校教师也未将心理健康工作列入自身日常教育教学工作范畴，认为此项工作应是专业心理教师及辅导员的工作，学科职责在于教育教学活动，甚至认为大学生开展心理健康教育的意义不大，特别表现在学科教师中。高等教育中推行"立德树人"的教育观念已久，教师作为学生全面发展的引领者、教育工作的实践者与开展者，没有意识到心理健康教育对于大学生发展的意义，这必将导致高校教师整体心理健康教育意识低、心理健康教育能力不强。

第二，部分高校教师心理健康教育知识欠缺。问卷调查数据显示，高校教师的教师结构相比中小学存在很大差异，学校注重培养学生专业知识和技能的发展，因此，专业教师占比较大。从相关问卷结果和访谈结果来看，一些高校教师因非师范生出身，未系统学习过教育学和心理学知识，对于大学生的心理特点、心理健康标准和典型心理问题等相关心理健康教育知识学习的甚少。同时，在平常的教学实践中不加强、不重视对于心理健康知识的学习，没有意识到相关的心理学专业知识对于教学工作的重要作用，这直接导致部分高校教师心理健康教育相关理论知识基础薄弱。

第三，部分高校教师心理健康教育认知不够全面。一些高校教师对于心理健康的认知存在误区，主要体现在以下几方面。

①以经验主义来臆测学生的心理健康状态。许多教师认为学习成绩好、遵规守纪、不给老师找麻烦的学生即为"好"学生。许多高校教师认为"好"学生心理健康。单纯以学生情绪状态及道德水平等鉴定活泼开朗、愿意表达、有责任心、自信等表现的学生即为心理健康，而呈孤僻、内向、自卑等状态的学生则可能心理不健康。没有认识到大学生情绪及心理问题的内隐性、学生的独特性，片面看待学生，无法形成对学生心理健康状态的正确认知。

②过度关注矫治性咨询，忽视发展性教育。很多高校教师对于心理健康教育的功能认知主要停留在矫正功能上，将心理健康教育工作片面地界定为专业心理教师解决学生的心理问题，而忽视大学生处于特定的年龄阶段，容易出现普遍的心理困扰。同时，没有根据大学生特定年龄阶段的发展需要，帮助学生解决问题，促使他们发挥自身最大的心理潜能，形成良好的个性品质和健全的人格。过度关注矫治性咨询，忽视发展性教育将导致心理健康教育被动性、滞后性。

③心理健康教育与德育工作相混淆。在相关文件中曾提到，要将心理健康教育工作纳入德育工作体系。心理健康教育和德育之间有很大关联，但是在教育内容、目的、方法和价值取向上都存在差异。在相关访谈中发现，很多高校教师对心理健康教育工作存在误解，把它与德育工作混淆，倾向于将学生的心理和行为问题归结于学生的思想道德问题，将心理健康教育等同于德育，用德育的原则和方式处理大学生的心理问题。

第四，部分高校教师心理健康教育操作能力不强。心理健康教育是一项专业性比较强的工作，需要教师利用相应的心理健康教育方法开展活动。从相关访谈和问卷调查结果来看，部分高校教师开展心理健康教育活动的能力偏低。一些高校教师对于开展心理健康教育意识不强、知识基础薄弱，必将导致在教育教学过程中开展心理健康教育的能力不足。同时，很多高校教师不愿参与心理健康教育活动，甚至将心理健康教育工作形式化、简单化。当学生真正需要心理帮助时却无法给予适当的帮助，甚至很多高校教师表示在处理学生心理问题时完全靠经验，而不是靠心理健康教育知识和技能。同时，在心理健康教育的渗透上，许多高校教师也表现得不甚了解。部分高校教师缺乏统一的心理健康教育目标和计划，心理健康教育渗透存在比较强的随机性。结合部分高校教师开展心理健康教育的实际情况来看，教师针对学科及班级管理进行较理想的渗透并未达到相应要求。

（2）心理教师专业化水平有待提高

当前，依托高校心理健康教育机构，大学生在寻找个人咨询时有了基本的保障。然而，针对大学生群体开展心理健康教育、宣传和心理问题筛查、危机干预等的队伍人数还是不足，大多数心理教师除了负责日常心理咨询等一般性工作，还要处理各类日常事务，难以沉下心来对个案进行梳理和对专门问题进行研究，对心理健康教育工作有时感到力不从心，精力投入不足，同时保障体系尚不够完善，使得教师的积极性整体不高，心理咨询、辅导的理论掌握和实战经验不足，而在职进修培训的机会较少，导致整体上大学生心理辅导、教育的效果不是很明显。

（3）辅导员参与积极性不高

在一线的辅导员中，一方面，具备专业心理学知识和心理辅导技能的人数比例少之又少，很容易把心理问题当作思想意识、道德品质问题或违法乱纪来处理，从而错失心理健康教育的最佳时机。另一方面，辅导员日常工作事务繁杂，上要听从学校、院系领导的任务安排，下要负责学生的科研、实践、就业、生活等各方面工作，多而杂的日常工作，极大削弱了辅导员参与心理健康教育工作的积极性，使他们难以主动在工作中开展心理育人工作。

（4）导师作用发挥不够

大学阶段，由于学习方式的影响，导师成为大学生培养的重要力量之一，导师的道德品质、责任意识、处事方式、人格魅力等都将对大学生的人品、才情和学养产生润物无声的非强制性影响力。但从目前情况来看，大多数高校导师在大学生的思想教育、心理健康教育方面存在着缺位现象。例如，大部分导师较多重视知识的传授、实践能力的培养，而往往忽略这个过程中所带来的压力。根据相关调查可知，导师心理健康教育角色的缺位是目前高等教育中较为普遍的现象。

5. 教育实效性不强

虽然相当一部分高校针对大学生开展了心理健康教育工作，但是工作开展的情况并不乐观，心理健康教育工作取得的效果并不理想，很多教学活动的内容和形式没有达到预期效果。

第一，学生课堂参与度低。教学中活动形式大于感受分享。活动的体验与分享是心理课的基本要求，心理课丰富的活动与游戏的重要区别也在于活动之后的体验分享。现在的高校心理课程中，已经有多种多样的活动，如角色扮演、团体游戏等，在这种趣味活动的指导下，越来越多的学生加入班级课堂活动中，但是在活动之后最重要的感受与分享环节，则不能保证大多数同学都可以分享自己在活动中的感悟，这可能是多个因素引起的：教师由于上课时间有限，很难让每个学生都有机会发言，有的学生会不愿意参加团体活动，有的则是不擅长或不愿意发言。在学校心理工作中，心理课堂是心理工作的主战场，这与针对一小部分学生提供的心理咨询不同，它是针对全体学生进行的一种预防工作，因此，最大程度上保证每位学生的体验与分享至关重要。

心理课不像其他学科需要考试和成绩，学生的学习意愿会更低一些，尤其是课堂上本就不太活跃的大学生，心理课堂更像是他们的休息、放松或是整理其他学科笔记的时间，学生缺乏重视。所以，在心理课上，学生注意力不集中、不听课、不参与，甚至睡觉的情况很多，教师可能会采取措施来提醒学生，如点名回答，但是这些方法仅仅是让学生在短时间内投入课堂，却无法保证学生在整个课程中进行持续，也无法让学生们主动、自觉地参与其中。

第二，活动覆盖面有限。一些高校能够结合学校自身特点在大学生中开展各种形式的心理健康教育活动，如心理类专题讲座、心理健康普测、团体心理咨询、素质拓展训练、趣味运动会、心理情景剧等，这些活动对学生起到一定普及知识的作用，往往深受学生们的好评。但由于资金、场地、师资等因素的制约，这种方式很难被普及和推广，无法长久地实施，基本上还是运动式、短暂性的开展。

第三，活动未形成常态化。大部分高校心理健康教育类活动开展的频次比较低，只有在重要节点，如开学之际或"5.25心理健康活动月"，才会组织一到两次活动来营造校园心理氛围，其他时期则鲜少开展此类活动，而且参与的学生不多，受众主体有限，覆盖面较小，一定程度上影响了实践活动最大效用的发挥。

（三）高校大学生心理健康教育问题的原因分析

1.心理健康教育认知不足

首先，学生对知识的理解不深入。在高校大学生心理健康教学中，学生对所学知识的认识不够透彻，很难做到学用结合。心理教育的目的并不是要传授学生专业心理学知识，而是要通过一系列的心理健康教育，来化解学生心理发展中的矛盾和冲突。引导学生进行自我认识和发展，懂得如何处理人际关系，增强社会适应能力，保持积极心理状态，了解并掌握解决心理问题的途径方法，增强主动求助意识，积极解决问题，增强抗挫折能力，提高幸福感。与其他学科相比较，心理健康教育在教学内容、教学活动、教学原则、教学方式等方面存在较大差异，应重视学生的亲身经历和实际操作，把所学的知识与现实关联起来。

在心理健康教育课上，教师往往会在展示了心理知识和方法后，采用案例法引导学生进行分析，以加深了解。但是，在一些学校的心理课中，却未能很好地实现这一目标，缺乏对该知识本质的深度解释，造成学生仅仅是对理论知识的理解、记忆，而对其基本内涵的理解不够透彻，在遇到相关问题时，无法应用所学的知识和方法。另外一种是学生在理解知识时出现了偏差。在以前的课堂上，教师虽然会问学生掌握了没有，但学生们对教师的回答只是表示了一种态度，他们并不知道自己的理解和正确的内涵是否一致。除非学生表述出自己对该知识的理解，否则理解的偏差不容易被察觉。

其次，学生对心理课不够重视。教育部门积极开展心理卫生工作，但至今尚未开设心理课程、缺少专业的心理教师、没有心理咨询室等现象仍然存在。观念的转变需要一个过程，在一些已开展心理工作的学校中，多数教师对此并不十分重视，认为是"可有可无的放松课"。很多主课教师还会协商占用心理健康教育课时，让心理课变为其他学科的备用课，心理课的实际教学时数与教育部及相关部门的规定存在较大差距。当前的心理教育状况与早年的体育、音乐、美术课程一样，缺乏足够的重视。在心理课上甚至还有学生在做其他学科作业与笔记的情况，在大学阶段，学生的身心都受到了一定的冲击，所以，进行心理健康教育能够帮学生有效地缓解自己的学习压力，调整自己的情绪，改善自己的学习和生活品质。但是，只有少数人能真正认识到心理健康的重要性。在学校的日常工作中，很多教师对于心理教师的期待是，心理教师是帮助他们管理学生的一种手段，来帮他们处理好这两类问题学生：一种是已经表现出明显不适应的学生，另一种是难以管教的学生。但是，学校的心理工作是面向全体学生的，它的教育目的应该是全面提升和促进全体学生的全面素质与长远发展。同时，心理健康教育重在预防，应该具有前瞻性，让教学走在学生发展之前，使学生得到充分的发展。

最后，学生对心理咨询存在一定的芥蒂。一直以来人们都存在一种根深蒂固的观念，即将心理健康疾病等同于"神经病"，这种病并非真正意义上所指的神经系统出问题而引起的疾病，更多的是一种带有贬义色彩的病症。因此，当大学生遇到心理困惑或者问题时，很多人是讳莫如深、不愿就医的，认为去看心理医生是一件不体面的事情。并且院校交际圈子相对较小，学生在平常交流中形成"熟人社会"，在意他人的眼光，学生即便是有这方面需求，也很难有勇气迈进心理咨询中心，通常只会自己解决。并且学生会考虑隐私是否会被泄露的问题，大多数的心理患者不太想让外界知道他们的病情和心理烦恼，因此，会对是否去咨询举棋不定。

2. 心理育人体系不够完善

（1）整体推进方面

高校大学生心理健康教育是一个系统化的过程，需要校内其他部门及教师的通力合作，但有些高校将心理健康教育视为心理咨询中心的任务，认为是心理教师及思想教育教师所负责的范畴，这就造成了高校心理育人工作处于"孤军奋战"的状态，再加上教师职责不明确、宣传不到位等原因，使得校内其他部门、教师对此项工作知之甚少，各部门、各教师协作意识淡薄，造成心理健康教育工作全员育人环境缺失，势单力薄。

（2）资源配置方面

根据参阅文献资料发现，各高校在资源配置上基本都能满足心理健康教育工作的基本需求，拥有心理健康机构办公室并有计算机、照相机和录音笔等基本办公设备，且心理咨询室配有心理测量软件及团体辅导活动用具等。但目前仅有少数院校配备了心理沙盘、放松治疗设备、宣泄设备等较为先进的心理健康教育设施，因此，要想为学生提供更为优质的健康教育和咨询辅导服务，仍需进一步完善硬件设施建设。

（3）经费保障方面

在对部分教师的访谈过程中发现，在问及"您认为贵校目前大学生心理健康教育主要存在哪些问题"时，大部分教师都谈到心理健康教育的经费难以得到切实的保障。尽管许多高校心理健康教育工作均设有专项经费，但总量却很少，绝大多数的学校人均费用在 6 元以下，这部分资金不仅需要用于全校性心理健康教育活动以及咨询中心机构设施建设，还需要用于日常管理与办公以及专兼职教师外出培训等，在使用过程中常常顾此失彼。由此看来，大学生心理健康教育体系有待进一步完善，以提升学校教育水平，促进学生全面发展。

（4）队伍专业化建设方面

就目前情形来看，尽管多数院校为心理健康教育师资队伍开辟了送出去培训的渠道，但送培力度显然不够，他们参加的多是由教育行政部门主办的培训，而参加由各级心理卫生协会、心理学会及其他专业机构组织的培训机会不多。究其原因，与高校对心理健康教育队伍专业化建设认识不到位、不够重视有关，对于教育行政部门下达的培训通知，各高校通常都会按照要求去执行，属于"被动"的培训建设，而能够自觉"主动"送培并开展专业化建设的则较少。这也和培训经费不足有关，所以，高校应加强队伍专业化建设的意识，并划拨专门的送培经费以确保心理专兼职教师能每年参加省级以上专业机构系统的培训。

3. 教育方式方法有待创新

首先，在教育对象的心理特点把握上。一些院校简单套用中小学心理健康教育的手段及方法来开展大学生心理健康教育工作，忽略了大学生心理特点的差异性而收效甚微。从心理特点和心理行为上看，本科生和研究生之间也有着十分明显的区别。本科生的心理问题多为自身的行为习惯和生活方式与当下的状态无法适应，而研究生则是对未来的不确定性以及恐惧感和需求感，研究生的心理健康问题大多与自身所处的内在和外在环境有关系，他们更多在生活和学习中慢慢寻求自我，思考着自身未来，渴望个人对国家或者社会有更多或者更好的服务，在社会发展中，寻求自身与社会发展的契合点，以最大限度实现自我的人生价值。这就需要心理健康教育工作者能适应多样化和多层次的发展和需求，依据不同阶段大学生自身的实际情况，开展适合相应阶段的大学生心理健康教育模式。

其次，在教育手段的运用上。尽管各高校开展了各种形式的心理健康教育活动，但多以"线下"方式来进行，只有少数院校采用了"线上"方式，这与当代大学生的学习特点不相符，一些学生表示心理健康教育存在网络平台和载体未得到充分运用、参与渠道受阻等问题。究其原因：一方面，一些学校的课程量较少，主要以自学为主，一般高校大学生上网条件便利、可自由支配的时间较多。大学生对网络的青睐和使用程度要比同龄人多。另一方面，大学生在中学阶段已经见过或参与了很多心理健康教育活动，传统的教学内容和教学方法已很难满足他们的需求，同时单一使用某一教学手段，效果也不显著。

最后，在教育氛围的营造上。人的积极心理品质与所处社会、自然环境密切相关，积极健康的环境有利于形成积极心理品质，因此，构建健康、活泼、和谐校园环境氛围显得十分必要。就目前情况来看，大多数高校在校园心理氛围的营造上做的还不到位，高校只有在大学生入学之际或"5.25心理健康教育活动月"才会营造校园心理气氛，尚未考虑到大学生学习关键时段的心理氛围营造。此外，部分高校专注于经典心理健康教育方法的套用，而忽视了对民族特色资源的挖掘，从而导致心理健康教育效果不尽如人意。

4.校外力量协同参与不够

第一，从家庭方面来看，高校心理健康教育工作要全方位地开展，不仅要依靠学校层面单方面的努力，也需要家庭积极参与到其中。伴随着我们的出生，父母就扮演着"终生教师"的角色，在塑造孩子性格、道德品行、价值观念中发挥着不可估量的作用。当前，尽管越来越多的父母意识到家庭在孩子成长过程的重要性，但是仍然有不少父母忽略了孩子的心理状态变化。主要原因有：一是父母忙于生计，无暇顾及学生的心理想法；二是父母认为大学生都已成年，思想或是心理都趋于成熟，有了自己的价值观和生存目标，所以对其心理状态变化较少关注；三是部分家长对学生的培养意识不强，把培养学生视为学校的全部责任，若学生出现问题，必然是校方的错误，从而导致教育合力无法形成。

第二，从社会方面来看，大学生的学习生活不能脱离社会而存在，他们终归工作服务于社会。因此，要想使社会得到更好的发展，就必须要有社会成员来引导大学生，配合学校，架起学生与社会间的桥梁。由于大学生的日常活动场所大部分都在校园内，这就使得部分社会成员育人责任意识不强，不但没有起到良好的榜样作用，甚至将他们带入误区，未能给学生营造一个良好的心理环境。同时，社会相关教育部门的心理健康教育工作者较少借助机构和形式手段开展心理健康知识的广泛宣传和普及，也缺乏与地方广播电台、报社和电视台的合作，未能做到增设心理健康专题栏目，宣传接受心理健康教育的重要性和必要性，解答和指导大学生群体的热点话题。总体而言，社会尚未形成一种"心理健康教育在我心"的氛围，缺少有效的宣传和号召，社会心理育人功能很难得到有效发挥。

5. 高校校园文化建设滞后

将心理健康教育融入校园文化和网络新媒体之中，会对高校大学生心理健康教育的实效性产生影响。一直以来，高校把心理健康教育的相关责任压在辅导员肩上，辅导员在日常工作中往往采用一对一的方式为大学生提供咨询服务。但是，伴随着高校扩招，大学生的数量不断增多，传统的咨询方式已经无法充分满足大学生的心理辅导需求。校园文化、新媒体等作为有效的辅助手段，应在大学生心理健康教育中发挥作用。目前，高校心理健康教育相关的校园文化建设以布置宣传栏、开展讲座活动等为主，社会实践活动整体较少。同时，新媒体平台建设以定期更新心理健康知识、发布心理健康讲座动态等为主，平台上精品化的在线学习资源相对不足。

第二节　积极心理学与传统心理健康教育方法的比较

一、研究的侧重点不同

在过去的相关心理学研究过程中，传统心理学更多地向人们展示的是问题，并且对于负面的研究要远远多于正面，忽略了对于潜能、积极力量的挖掘和培养。把人等同于物，认为人类的心理是被动的，人的心理动力受周围环境或者是本能的控制。积极心理学家则认为，过多关注负面心理特质并不利于心理学的发展，心理学家不应只将心理障碍和疾病作为研究对象。那些并没有什么问题的普通人同样需要关注，挖掘人们的潜能，发挥人们的积极力量，可以使更多人生活得更加幸福，真正地实现心理学家们要改变人类状况的夙愿。积极心理学从怎样让心理更健康的视角来看待问题。尽管问题的出现不能给整个人类加以积极的力量，但是，心理问题却可以给人们带来展示个人积极品质以及潜在能力的绝佳机会。

二、心理问题的预防观念不同

传统心理学的一系列措施主要是为了消除问题，仅仅把人们自身的不足作为侧重点，并以此来阻止问题的发生，从而达到预防的效果。积极心理学继承了人文主义和科学主义心理学的合理内核，修正和弥补了心理学的某些不足，它反对悲观人性观，转向重视人性的积极方面。积极心理学认为，人类自身存在着抵御精神疾患的力量，预防的大部分任务将是建造有关人类自身力量，其使命是探究如何在个体身上培养出这些品质。

积极心理学家十分重视预防的作用，塞利格曼认为在状态还算不错的情况下积极的行动，能够为那些痛苦的人们省去许许多多的悲伤眼泪[1]。人们本身就具备能与心理障碍对抗的积极心理特质，如乐观、勇敢、洞察力等。科学的测量可以使人们识别自身的积极品质，凭借内部系统加强人们的积极人格，可以针对心理的问题有效地进行防御。实验证明，如果人们可以训练自己的乐观品质，那么在日后发生抑郁的可能就会降低 50%。如果要阻止那些可能吸毒的危险少年，最好的方式就是挖掘他们的积极品质，让他们对未来充满希望。

三、积极心理学更具创造性

传统的心理学研究使心理研究机构源源不断地将资金与人力投入负面因素的相关研究之中，但得到的效果却是有越来越多的人陷入痛苦的心理问题之中不可自拔。这是因为，传统心理学主要以这种程序进行研究：负面研究→负面体验→负面研究，人们不由自主地进入了不幸福的体验之中。心理学家们仅仅注重负面因素，难以将正面的因素引入人们的心理世界。但是，积极心理学却把那些正面的因素持续不断地引入人们的生活里去。

积极心理学的研究对象是被传统学派所忽视的个体的积极心理特质，而绝非

---

① 邢采著.塞利格曼心理健康思想解析[M].杭州：浙江教育出版社，2013.

个案心理疾病。积极心理学强调个体的正面体验，打破了传统心理学对负面心理体验的循环。如此之下，积极心理学对于人类来说，不仅仅是解决问题，更是要让人们对于幸福的生活充满期待和渴望，从而把它们创造为现实。

第三节 积极心理学对大学生心理健康教育的意义

由相关研究结果可知，将积极心理学引入心理健康教育取得了很大的成就，已经从单纯的理论反思发展到了理论建构。

一、有助于更新心理健康教育的目标

传统的心理健康教育主要关注的是大学生经常出现的不良心理情绪以及心理疾病，是对大学生心理消极的、变态的因素的研究，它以消除大学生的心理疾病为主要目标，但是没有心理疾病并不等于一个人就是健康的、快乐的。传统心理健康教育虽然在一定程度上消除了大学生心理上的消极因素，但是并没有真正地唤醒大学生心理潜在的积极因素，大学生的自我肯定、自我激励的积极情绪仍然在沉睡着。因此，积极心理学家们及时指出了传统心理教育的不足。他们认为，心理健康教育的最终目标是要积极探索大学生固有的、积极的心理因素，并引导他们在实际生活中发挥这些积极心理品质的作用，使自己变得更加快乐、强大。

二、有助于丰富心理健康教育的内容

基于积极心理学理论对大学生心理健康教育进行改革创新，可以结合学生的心理发展特点设计有针对性和时代特征的心理健康教育内容，还可以在保持学生积极心理状态、促进学生人格完善的基础上对心理健康教育进行创新，完善其内容，丰富其形式，做到寓教于乐，从而提高心理健康教育效果。

三、有助于心理健康教育渠道的拓展

实践证明，心理健康教育活动的有效开展能够帮助高校大学生树立健全的人格。教师遵循积极心理学理论的内在要求，注重心理健康教育内容与形式的创新，可以使大学生更好地学习心理健康知识，接受心理健康教育。

有了积极心理学理论的支持，高校教师在开展心理健康教育过程中不仅会对心理健康教育活动进行科学设计，发挥课堂主渠道的作用，还会探索学校教育、社会教育与家庭教育的多元融合，使心理健康教育形成合力，在多元育人和立体育人的基础上，促使学生健康成长。

四、有助于改善心理健康教育的主客体关系

以往教师在开展大学生心理健康教育活动的过程中，注重互信、平等、尊重的咨询与访问关系，也就是平等互信的师生关系，但是受消极心理学相关理念的影响，建立平等互信关系的难度较大，这便需要教师进一步更新理念，继续努力。而在基于积极心理学的大学生心理健康教育中，教师与学生均处于成长和发展的过程中，均为独立的个体，并非教育者和受教育者的关系。因此，教师需要掌握积极心理学的内涵，主动接纳学生，平等看待学生，给予学生充分的尊重。同时，教师还需要加强对自我的审视，培养自身的积极心理素质，重新建立大学生心理健康教育中的师生关系，并建立双向互动、积极友好、共同成长的心理健康教育主客体关系。

五、有助于延伸大学生心理健康教育途径

传统的大学生心理健康教育方法与途径相对单一，主要是开设相关课程、开展心理咨询以及专题讲座等，虽然具有一定的效果，但是难以真正实现心理健康教育的目标，不利于增强学生的心理素质，促进学生的全面发展。而积极心理学更加注重学生的心理体验，关注学生的品质和情感，注重正向、积极的引导，认为每名学生均具备巨大的潜能和推动自身发展的动力。这一特性决定了大学生心理健康教育需要合理运用资源，整合优势，渗透于学生教育教学和管理的全过程，贯穿于大学生的学习和生活中。这有助于延伸心理健康教育途径，使心理健康教育的实施路径更多元，覆盖面更广阔。

第四章　积极心理学视域下的大学生心理健康教育

根据积极心理学合理地开展大学生心理健康教育工作，不仅可以对大学生进行有效的引导，使大学生在新时代背景下保持良好的心理状态，而且也能提升高校教育工作的整体水平。除此之外，积极心理学还能够在一定程度上培养大学生优秀品质的同时建立健全的人格思维。本章分为坚持积极的心理健康教育原则、设立积极的心理健康教育目标、形成积极的心理健康教育合力三个部分，主要包括主体性原则、整体性原则等内容。

第一节　坚持积极的心理健康教育原则

一、主体性原则

积极的心理健康教育的主体性原则要求教育者将教育对象看作实现教育目的的主体，重视和尊重其主体地位，通过调动教育对象的积极性，使教育对象自觉地接受外部教育的影响，并主动地"内化"，从而增强教育的有效性。

首先，积极的心理健康教育坚持主体性原则是其自身的客观要求。心理健康教育不仅是对教育对象按照一定的目的、有计划地进行教育的过程，更是教育对象在接受教育的过程中，主动地把教育的内容进行"内化"的过程。因此，必须调动和增强受教育者的主体能动性。

其次，积极的心理健康教育坚持主体性原则是实现其教育目的的必然要求。积极的心理健康教育根本目的是培养人们正确的价值观和良好的心理状况，要达到这一目的，必须充分调动和发挥受教育者的主观能动性和主体性，我们的教育才会事半功倍。

积极的心理健康教育坚持主体性原则，要从思想上重视受教育者的主体地位，改变传统的对受教育者一味灌输的教育方式，要充分尊重受教育者的自主性，要认识到教育者和受教育者具有平等的独立人格，教育者和受教育者都是教育活动的主体。另外，要将教育和自我教育相结合，充分发挥受教育者的主体意识，培养和激发受教育者自我教育的能力，使他们将教育内容和目的转化为自我要求，这样教育才会具有持久的影响力量。

二、整体性原则

整体性原则指的是在高校运用积极心理学开展心理健康教育课程建设之中，注重对学生的心理问题作全面考察和系统分析，精心安排构成心理健康教育课程的所有要素及其相互关系，以达到协调优化的状态，避免心理健康教育工作过程中出现形而上学的问题。总体来说，高校积极的心理健康教育课程最终方向是寻求个体人格的整体性发展。故而应将整体性原则运用于大学生心理健康教育课程建设的方方面面，牢固树立高校大学生身心全面发展的观点，注重大学生人格发展的完整性，关注身心素质的全面提升；从整体、全局角度出发，统筹内外因，家庭、社会、学校和个人等诸多因素对大学生存在的心理问题进行综合分析。因此，要采用综合模式开展积极的大学生心理健康教育课程，不能仅局限于单一的途径和方式。

三、激励性原则

在积极心理学指导下开展大学生心理健康教育时，要想使教育活动符合大学生的心理需求，提高大学生参与活动的积极性，就要在教育活动中践行激励性原则，通过心理健康教育活动的开展使大学生的合理需求得到满足，有效激励学生内部情感和内在精神潜能的逐步彰显。在教育实践中，教师可以将心理健康教育与精神激励融合在一起，针对当代大学生的成长特点对激励方式进行确定，引入多种激励模式开展激励活动，使大学生在有效激励的作用下形成正确的思想观念，并作出正确的行为选择。

四、动态生成原则

人是一种具有自我决定潜力的积极生物，他们具有学习行为可以达到一定水平的信念。个体是处在不断地变化过程之中的，因此，相应的心理健康教育课程不仅仅是服务于某种单一的目的存在，它始终处于变化和发展过程中，它思考的主题是如何促进学生生命的绽放。在这样的心理健康教育课程中，教学内容、教学方法等都不是重要的考量因素，而如何赋予学生生命更加丰富的意义内涵，塑造大学生灵活转变概念的能力是课程应该考虑的因素。这种心理健康课因生命意识而变得开放，应运用至心理健康教育课程建设的全过程。

五、开放性原则

积极的心理健康教育遵循开放性原则是科学理性地解决价值冲突和心理冲突的有效途径。冲突是由不同主体的不同判断、选择造成的。坚持开放性原则，在教育的过程中尊重差异、尊重选择的多元化，进行分层次有区别的教育，才能使教育避免"高、大、全"，才能贴近生活、以人为本，才能使教育真正发挥实际作用。积极的心理健康教育遵循开放性原则，就是要对学生因材施教，"材"是指学生心理的个别差异，因材施教就是承认差异、尊重差异，根据学生的心理特点和个性差异区别对待、有的放矢，使每个学生的心理都能够得到相应的发展，使心理健康教育落到实处。

首先，要因年龄施教。大学生在不同的年龄或年级阶段的心理状况是不同的，因此要根据不同年级段的特点对心理健康教育的内容、方法等作出合理的安排。

其次，要因个性差异施教。大学生个体由于自身因素及成长环境的差异，其个性也会有所差异。心理健康教育尤其是心理咨询过程中，一定要根据大学生个体的个性特征来进行引导和教育，才能收到良好的效果。

再次，要因兴趣差异施教。每个学生都有自己的兴趣爱好，积极的心理健康教育要根据学生的兴趣爱好，来挖掘他们的潜力，增强他们认识活动的积极性。

最后，要因学习能力施教。大学生个体在注意力、记忆力、观察力、想象力等认识能力上是有差异的，心理健康教育要了解学生在学习能力上的差异，有针对性地进行教育，才能提高教育的有效性。

六、综合性原则

积极的心理健康教育坚持综合性原则是由其自身的特点决定的。心理健康教育活动不是一项完全独立的社会实践活动，它们总是与各种社会因素、自然环境因素等联系在一起，是一项复杂的系统工程，要协调好心理健康教育的各方面影响因素，必须坚持综合性原则。

首先，每个个体的思想和行为都受到多层次、多角度的社会关系的制约，受到主、客观多种因素的影响。因此，必须坚持综合性原则，从多角度多侧面对个体的心理进行独立的综合分析，才能使教育真正有效。

其次，心理状况的形成是一个循序渐进的复杂的过程，所以在进行教育活动时，要借鉴和利用多学科的知识，不仅要运用在马克思主义理论指导下形成的心理学知识，而且要借鉴融合其他多学科的相关知识，既包括伦理学、社会学、管理学、法学等人文社会科学知识，也包括统计学、信息学等相关知识，还包括控制论、系统论等知识。只有综合运用这些学科的相关知识，才能更彻底地对受教育者的心理进行剖析，从而更有针对性地开展教育。

最后，积极的心理健康教育环境是复杂的、多变的，既包括经济环境、政治环境、文化环境等大环境，也包括家庭环境、学校环境、工作环境等小环境。开展积极的心理健康教育时，应当对这些环境进行综合分析，找到其突破口，同时也可以通过优化心理健康教育的环境，来促进教育的顺利进行。

七、导向性原则

积极心理学主张帮助人挖掘自身潜在的能力，从而提升个体的积极人格品质，个人的内在价值需要自我实现，自我实现需求会激发个体内在的积极力量。积极的心理健康教育的核心目标就是培养积极的人格品质，塑造积极的人格，而积极的人格品质可以长期影响人们的行为模式和生活空间。

积极的心理健康教育要着重培养学生积极的人格品质，充分挖掘学生的创造力和潜能，不断帮助学生建立自信，培养学生的美德。心理健康教育也主要是促使学生形成积极的心理品质和人格力量，帮助学生学会宽恕他人，进而达到人与人之间的和谐发展。心理健康教育课程也是在积极因素的诱导下，让学生心中善良、仁爱的人格力量被激发出来。

八、情境性原则

心理健康教育课程要以体验和参与为主，在活动中进行体验和感悟。

一方面，积极心理学视域下的心理健康教育课程要创设情境，让学生在情景中进行体验和感悟，在感知中获得情感与认知，从而让青少年获得积极体验，挖掘他们的积极情绪，塑造他们的积极心理品质，提升他们的幸福感。

积极心理健康教育课程创设的情境要密切地联系实际生活、贴近学生的实际生活，这样能够激发他们的积极性。在真实的情景中，能够让学生深切地感受到心理健康与生活密切联系，帮助学生拥有积极健康的心理，从而提升青少年的综合素质。

另一方面，情境性原则应以活动为载体。心理健康教育课程有别于其他的学科课程，心理健康教育课程不是一门以掌握科学知识为主的课程。它主要是在活动和情景中，以体验和参与为主。在活动中获得积极体验，引发思考，改变认知，获得积极的情感。在活动中挖掘学生的潜能，塑造积极的心理品质。心理健康教育课程的设计要注意采用形式多样的活动，给学生有充分体验的空间。活动过程中生成的体验和认知比掌握心理健康教育知识更加重要。

九、发展性原则

一切事物都是动态发展的，学生在成长过程中的心理素质水平、心理健康水平也保持着动态发展的状态。因此，教师要坚持以动态发展的理念设计教学活动，从规避大学生心理健康风险的角度将心理健康教育中的心理调节、心理疏导等作为重点，将预防心理疾病和心理亚健康状态作为辅助手段，将提升学生的心理素质、心理品质作为重点内容，确保在教育实践中将防治和发展融合起来，从而促进大学生心理健康水平的提升。

第二节　设立积极的心理健康教育目标

一、高校心理健康教育目标存在的主要问题

在心理健康教育实践中发现，有的心理健康教育目标过于笼统，不知所指；

有的心理健康教育目标把其他各育的目标硬拉到自己的身上，却根本无法完成；有的心理健康教育目标内涵、层次混乱；等等。这些问题严重地影响了心理健康教育的发展，亟须解决。

（一）教育目标笼统模糊

有的心理健康教育目标过于抽象，笼统，不知所指，难以具体化。在落实目标时，难以理解把握，不明确具体该做什么，因而失去指导作用。如有的地方提出心理健康教育的目标是："通过有目的、有计划地实施心理素质教育，使学生的各项心理活动更有效、更合理，使心理活动能够有效地反映现实、解决面临的问题，达到对环境的良好适应并且指向更高水平的发展。"这些目标中提到的内容基本上是不具体的，很抽象的，不好把握的。作为实践者在落实目标时不知到底要做什么，对实践起不到指导的作用。

（二）教育目标概念不统一、层次混乱

在众多心理健康教育目标中有三个重要概念：即心理素质、良好个性心理品质、健全人格。但对这三个概念的界定说法不一，造成心理健康教育目标层次混乱。如对心理素质的分类很多："知、情、意"是一种分类，意识（心理）与行为也是一种分类，强调心理素质有智力因素与非智力因素（或人格因素）的，又是一种分类。心理素质是公认的心理健康教育的重要目标，不同分类自然就有心理健康教育目标的不同提法，造成混乱。

（三）教育目标偏差、针对性不足

高校心理健康教育主要教学方向是以解决大学生心理建设问题、培养健全心理素质为基础。但在传统教学模式上，往往采用不正确的教学方法，重点在出现问题或者如何解决大学生的消极状态，帮助大学生找出产生消极情绪的原因，并针对消极状态作出教学指导内容。这种方式在实施上会忽略学生本身的特性，无法正确挖掘大学生心理建设的潜能，更不能通过心理教学产生积极向上的态度，最终导致高校在对大学生心理健康教育方面达不到预期效果。

传统高校在心理健康课程设计上是利用心理健康知识理论体系做讲解，利用理论知识防范大学生可能会出现的心理健康方面的问题，并利用相关知识理论体

系为大学生做心理疾病的预防与疏导。枯燥乏味的理论教学往往让学生在课堂听完之后就抛之脑后，并不能真正起到心理健康问题的预防作用，也无法实现大学生利用心理健康教育实现全面积极性建设的目标。

心理健康教育目标出现上述问题的主要根源：一是没有通过深入的内涵挖掘，找到整体上统一的、跨结构、跨层次的心理健康教育的根本性目标，致使对心理健康教育目标的内在关系揭示不够，条块分割，层次混乱。二是在确立心理健康教育目标上，注重从心理现象、个性结构、学生所面临的心理困扰出发，缺少对心理健康教育目标能否得到落实的现实性的考虑。因此需要对心理健康教育目标进行系统研究，建构出既具有根本性、生成性，又具有现实性和基本结构的心理健康教育的核心目标，推动心理健康教育向纵深发展。

二、积极的心理健康教育目标的建构原则

（一）整合原则

就是把心理健康教育目标看成一个有机的整体，坚持整体的观点、内涵不重复的原则，突破知、情、意的结构本位和预防、培养、矫治的层次本位，在深入挖掘内涵的基础上进行要素整合。

（二）从实际出发原则

心理健康教育目标定位不准，不仅使目标难以落实，而且滋生了心理健康教育的形式主义倾向，出现缺少实效性的问题，降低了心理健康教育的信誉。坚持从实际出发的原则，就是要从心理健康教育的实际出发，对心理健康教育目标在心理健康教育中能否落实，进行现实性定位。

例如，在积极适应的具体目标中，要适时了解成长过程中学习情境、任务要求、目标内容，生活历程、内容、环境，交往环境、交往对象、交往规范，身体生长发育等基本变化规律及其正常适应状况；掌握形成良好生活习惯、提高自理、自护能力的方法和策略；掌握基本的学习策略、方法以及交往的基本原则、技巧等目标，可以通过组织活动、心理课、专题讲座等途径来实现。但学习适应能力，生活自理、自护能力，交往能力主要应在学生的自我教育中实现，因为能力是在先天素质的基础上，在后天环境和教育的影响下，通过人的实践活动和主观的努

力形成和发展起来的，是一个长期的过程。心理课、专题训练、心理辅导都难以完成能力培养的任务，只有通过学生不断的自我教育才能真正实现能力的提高。

（三）科学性与合理性原则

设定科学合理的教育目标，注重心理健康教育的发展性要注重心理健康教育目标的科学性与合理性，这对心理健康教育活动具有导向作用。高校教师要在积极心理学理论的指导下科学制定教育目标，不仅考虑大学生心理健康教育的预防性，还要考虑到发展性。有了发展性，才能进一步丰富心理健康教育工作的内容，使心理健康教育不仅能改善学生的负面心理，还能对学生积极心理潜能进行有效挖掘，促使学生心理素质和心理状态形成良性发展态势。设定教育目标时，教师既要从帮助学生对现有心理问题进行矫正的角度制定教育方案、开展教育指导活动，还要关注大学生心理危机的预防，提高大学生的心理健康水平，让学生认识到拥有积极的心理体验的重要性，帮助学生逐步形成积极的心理品质，引导学生养成以积极的态度面对社会和人生的精神品质。

三、积极的心理健康教育的目标

（一）促进大学生形成积极的心理品质

积极心理学能够在认知层面、情感层面及行为层面，帮助学生形成积极的心理品质，引导学生更好地应对和解决心理疾病与心理问题。

首先，在认知层面上，融入积极心理学的心理健康教育能够促进学生形成积极的自我观念。在积极心理学的支持下，心理健康教育能够更加关注学生的能力、意志、情感、思维、想象、兴趣、动机等心理品质，重视学生的心理需求，使学生将心理健康教育知识纳入自身的品质结构中，使其成为支配自己行为、情感、思想的内在力量，形成积极的自我观念，进而积极地看待并面对学习生活中所存在的各类问题和困难。

其次，在情感层面上，学生通过积极心理学知识，能够了解自己及其他学生、教师的心理发展情况，明确大学阶段所受到挫折和阻碍是正常的，能够正确处理和坦然面对挫折，保持较为积极的情绪。与此同时也能在人际交往的过程中，尊重他人、接纳他人，学会与他人建立良好的人际交往关系。并且在积极心理学潜能发掘及积极因素利用中，学生可以保持良好的人生态度，积极地投入到课业学习中。

最后，在行为层面。融入积极心理学的心理健康教育能够改变学生的行为习惯，使心理健康教师能够更加注重学生的情感体验、习惯养成及行为实践，让学生通过转变不良的行为习惯，形成积极的行为范式，促进积极情感与积极人格的形成。

（二）促进大学生心理健康的全面发展

高校这种心理健康教育的传统模式急需找到解决办法，而将积极心理学理念融入高校心理健康教育，是迎合新时期发展要求——有效培养大学生心理健康全面发展的关键出路。积极心理学教育的融入让高校心理健康教育树立起全新教学观念与模式，将大学生积极心态、性格、品质等多方面结合为教学目标，针对大学生特点与个体差异性，做有规划性的全新的心理健康教学方法，利用积极心理学蕴含的观念调动大学生情绪、动机、心态、品质的积极性，逐渐对任何人、事物等都建立积极态度，通过积极态度改变思维思考模式，树立完善的自我个体性，从而形成良好的心理健康成长环境，对高校心理健康教育有着积极作用。

（三）促进学生的良好心态的发展

积极心理教育的目的之一，便是促进学生个体的积极心理以及潜能的发掘。在积极心理学的带动之下，引导学生在面对不定的环境因素、人格特征、情绪体验等方面时，能够时刻保持正面的状态去应对，而不是在出现问题和缺陷的时刻沉浸在其中无法自拔。因此，在高校心理健康教育实践期间融入积极心理教学，能够减少学生负面情绪的发生概率，增强他们对于学习的正确认识能力，从而培养学生正确的人生观、世界观，促使学生重视自身的良好品质的提升和发展，最终获得教育的良好效果。

第三节　形成积极的心理健康教育合力

心理健康教育是一项复杂的实践活动，需要高校的主导，家庭、社会的配合与大学生个人的努力。以积极心理学为指导，以学校、家庭、社会以及大学生自我教育为途径，开展积极心理学视域下的大学生心理健康教育，通过内部因素与外部因素的共同影响，切实提高大学生心理健康水平。

一、发挥学校教育的主渠道作用

（一）加强师资建设

高等学校心理健康教育中教师是连接学生与学校之前的桥梁，是重要的媒介传播者，为此教师队伍建设显得尤为重要。

1. 强化师资的专业理论与心理咨询的技能

在心理健康教育调查中，学生对心理健康教育老师的专业性有些许质疑。有的心理健康教师不是心理学专业出身，有的算是半路出家。再有就是心理健康教师在心理健教育中的授课方法方式有待提高。咨询中心的教师应体现其技能，能够让学生的问题得到解决，并且积极地去寻求解决问题的答案，这就要求心理健康教育的教师以及心理咨询中心的教师，提高自身的专业素养，培养自身的专业技能，学习当前心理健康教育的新方向，同时心理健康教育的教师都能够更好地学习积极心理学，将积极心理学的理论应用到积极心理学的实践，这样使得自身在教学工作中，不是只关注学生的消极层面，教学及治疗的手段也是积极的，这样能更好地体现学校的积极心理健康教育目标。

2. 培养教师积极的工作心态

教师对学生的影响很大，为了更好地传道授业解惑，教师要培养自己的积极品质。作为一名人民教师，他首先也是一个普通人，跟学生一样，他也有困惑，也有遇到困难的时候，他们面对挫折的时候也会产生消极的情绪。一方面，从高校的角度上，校领导应"以人为本"，在体谅教师辛苦的同时还要主动了解他们的心理需求，改善工作环境，在经济上对于需要特殊照顾的教师给予帮助和支持，学校还应将积极的因素注入教师的心理健康教育中，不光是学生要进行心理健康教育，教师同样也需要。在教师心理健康教育中，应充分挖掘教师的积极力量，培养积极品质，增加教师的积极体验。让教师也能够发现自身的优点，能够更好地工作，在教师工作中体会到事业带来的快乐和满足。这使得教师能从自身感受到积极因素，去教授学生同样去体验这种积极感觉，也使得教师教课更得心应手。

而从教师自身的角度来看，教师应该能够很好地自我调节情绪，不断地提升自我，可以多参加一些心理学的研讨会，多读书多学习，丰富自身的底蕴，在对待学生方面应该多与学生沟通，了解学生的情况，不光是了解学生自身的心理健康情况，同时也要收集学生对课堂教学的积极反馈，使得心理健康课程更好地实施下去。

3. 融合教师与学生之间的关系

在传统的心理学背景下，在心理健康教育中学生和教师之间的关系是固定的。教师就是传授知识的，而学生就是接受知识的，教师就是负责解决治疗心理问题的。但在积极心理学的理念下，教师和学生都是平等存在的，谁都可以是教师，谁都可以是学生，都可以互相学习对方的优点，互相发掘对方的积极品质。教师要培养自身的积极品质，在教授学生知识时，采用平等的措辞，让学生觉得和老师之间是平等的、是亲近的，这样也能够更好地促进心理健康教育课程的教授，促进心理健康教育的实施，学生接受知识也更快，能够更好地理解教师教授的内容。教师要以身作则促进学生发掘自身的美好品质，更积极地面对困难，面对生活。

（二）提高大学生的抗挫折能力

对于大学生抗挫折能力提升的积极组织系统来说，学校系统是其组织系统中重要的一部分。大学生抗挫折能力影响因素研究结果表明，学校培养模式在大学生抗挫折能力提升中具有重要作用。学校应从引导学生树立挫折意识、营造浓厚的挫折教育环境、拓展大学生抗挫折能力提升的教育载体、重视心理健康教育在抗挫折能力提升中的作用和完善抗挫折能力提升的"三位一体"联动机制等方面构建抗挫折能力提升的学校新培养模式，切实提升大学生的抗挫折能力。

1. 引导学生树立正确的挫折意识

高等教育不再将培养知识全面、专业技能高超作为其最终目标，而是致力于培养德、智、体、美、劳全面发展的综合性人才。在竞争压力加剧的今天，拥有较强抗挫折能力的大学生更容易融入社会，实现个人价值。因此，高校应引导学生树立正确的挫折意识。一方面，使学生认识到挫折是普遍和必然存在的，每个人的成长发展过程中总会遇到各种各样的挫折。另一方面，让学生认识到挫折并不可怕，是可以通过努力战胜的。通过挫折现状的理论和调研分析发现，个体自身的挫折意识会影响其价值判断，面对相同的境况，有的人直面挫折、愈挫愈勇，在克服挫折的过程中不断提升个人素质；有的人却倍感失落、一蹶不振，不同的挫折观念造就了不同的挫折结果，因此，要引导学生树立正确的挫折观念，将挫折的必然性和可克服性植根于学生心底。

2. 营造浓厚的挫折教育环境

目前大学的抗挫折能力教育体系还不够完善，氛围营造还有待加强。学校应系统地开设抗挫折能力相关的课程和访谈讲座，不断提升大学生的抗挫折能力。环境在影响人、塑造人等方面发挥着潜移默化的作用，高校应注重挫折教育的氛围营造，通过榜样示范和传统文化普及宣传等方式营造浓厚的校园氛围，在潜移默化中对大学生抗挫折能力的提升产生积极助推力量。运动干预对缓解大学生的心理压力具有正向的影响，学校应鼓励大学生积极参加体育锻炼，在锻炼中释放自己的心理压力和挫折情绪。音乐对于大学生缓解压力、调节情绪具有重要作用，学校可以在课余时间通过广播的形式播放音乐，通过音乐疗法缓解大学生的疲惫感，同时可以举办音乐主题的团辅活动、校园演唱会、校园歌手大赛等活动，在丰富大学生课余生活、增添审美情趣的同时，有效改善大学生的抗挫感。

3. 拓展抗挫折能力提升的教育载体

课堂教学、专业实习、科学实验、社会实践、校园文化等都是高校教育的载体。学校应拓展大学生抗挫折能力提升的教育载体，坚持抗挫折能力理论培养和实践锻炼相结合的原则，充分利用第一课堂和第二课堂的教育契机，为大学生抗挫折能力的提升创造条件。一方面，学校的教育主要是通过第一课堂的教学活动来体现，虽然课外实践、实习锻炼等活动安排不断增加，但课堂教学仍是大学人才培养的重要阵地，因此，要在第一课堂中融入抗挫折能力提升的相关内容，如在心理健康教育的相关课程中融入挫折教育的内容。另一方面，在第二课堂中，应广泛开展挫折体验活动、社会实践、志愿服务等，帮助学生开阔眼界，提升本领，同时也可以培养学生的自主意识、思考能力和意志品质等，进而有助于学生抗挫折能力的提升。

4. 重视心理健康教育在抗挫折能力提升中的作用

心理健康教育已成为大学生的一门必修课程，以期通过课程学习丰富大学生的基本心理知识，强化大学生的心理防护意识，但心理健康教育是一个长期持续的过程，很难通过一门课程改变大学生的心理状态。高校应重视心理健康教育在抗挫折能力提升中的作用，切实提高心理健康教育实效，具体可以通过以下几种方式实现。

一是加强心理健康教育师资队伍建设，提升师资水平。教师承担着传道授业解惑的使命，在学生成长过程中扮演着重要的角色，因此，高水平的师资队伍必然带来高质量的教育成果。二是增设心理健康教育团体辅导活动、心理素质拓展活动等，让学生在活动参与中感受集体的力量，增强合作意识，提升个人幸福感，磨炼自己坚强的意志品质。三是建立心理健康预警机制，做到早发现、早干预，可以在心理测评量表中加入大学生抗挫折能力的相关问题，了解每位同学的抗挫折能力，建立心理数据库，根据学生的抗挫折能力实际情况，因材施教，切实提升教育实效性。

（三）丰富高校心理健康教育的内容

1. 着重培养学生积极的心理品质

在传统的心理健康教育当中，只注重消极的层面，那么心理健康教育的内容就是围绕着消极层面展开的，多是对心理疾病、心理障碍的一种治疗和解决。积极心理学提供了一个可行性观点，提出了积极的心理品质，那么心理健康教育的内容也就得到了丰富，因为它增加了积极层面的关注，对学生积极心理品质的培养，要靠学生、教师、学校三方的努力。学生要注重关注自身的积极品质，在平常的生活中注重积累。教师在心理健康教育课堂中就应体现培养积极心理品质的内容。在课外的一些活动中也注重对学生积极心理品质的培养。学校将心理健康教育的工作目标重新定位就能很好地促进各方对学生心理品质的培养。

2. 增强大学生的积极心理体验

积极心理品质的培养也是一种体验的过程，只有外在的积极体验足够丰富才能作用于内部，进而实现对心理品质逐渐培养。心理健康教育注重培养学生的体验，让每一个学生都能参与到体验中去，让学生在体验中积极主动地关注自身的心理发展。积极心理学视域下的心理健康教育可以采用自助式教学方式让学生获得体验，而且这种自助性体验更能让学生体会深刻。譬如，提出一个与学生心理健康发展有关的课题，由学生自己研究，这样在研究过程中，一是学生可以学到很多的心理学知识；二是可以满足学生的好奇心，同时对待问题也能积极地寻求解决办法；三是在研究过程中，从开始到结果，这一探索的过程就是一个很好的积极体验。问题也得到了解决，该问题的研究也会深入地记在学生的脑海当中。例如，东北师大心理健康教学开展的特色是心理剧大赛，这属于自助式心理训练，通过集体的扮演角色，使学生能在活动中积累经验，在经验中感受体验，体验深化成积极的心理品质。也可采用自助式心理辅导，每一个同学在接受心理辅导的同时也去辅导其他人，这样使得学生既是辅导者也是被辅导者，这样的角色转换，使得学生们能扮好每一个角色，体验每一种角色；而同学之间也进行相互的自助性鼓励，来共同促进对方的发展。社团组织也可以多开展一些积极体验的活动，使学生们在团体活动中能更好地提高自身心理品质。

（四）拓宽高校心理健康教育途径

1.增进大学生积极情感体验

心理学脑部研究表明"真正决定人类智能的是情绪情感"，而实践是获得情感体验、发展能力的有效途径。实践活动能够使大学生巩固和深化理论知识的学习，扩大知识领域，是连接高校与社会、理论与实践、课堂与课外的桥梁与纽带。

高校要牢固树立实践育人的思想，鼓励与组织大学生开展与专业学习紧密结合的社会实践活动，通过校企合作等途径为大学生提供实践基地，将理论教学与情境化的实践锻炼相结合。发挥大学生的个性和特长，加速大学生对知识的领悟与系统思维的提升，培养其自主能力、探索意识、创造才能和实践精神；促进大学生在活动中实现自我教育、自我管理与自我发展，提高社会适应能力。引导与鼓励大学生参与公益服务、勤工助学等有意义的活动，并以书面报告的形式汇报心得体会，使大学生了解国情、社情，全面客观地分析社会，从而自觉树立社会竞争意识和进取精神，促进思想与行为的互相强化，增进积极的情感体验，从而提升心理素质。

2.将心理健康教育渗透进各科教学中

在课堂的教学过程中，应使各门学科都发挥其最大的心理健康教育价值，更好地体现它们的功能，并在多学科间相互渗透。在课堂教学过程中，教师应营造出轻松愉悦的教学氛围，激励的、支持的教学环境，竭力通过完善教学内容、创新教学方式等途径引发学生进行积极地思考与探索，在平等、合作、民主的师生关系中，完成教学任务。有时课程相对枯燥学生听不进去，那么教师就要改变教学方法，采用一种积极体验的方式，让学生在实践中学习知识，在实践中获得认识。通过这样的方式，不仅能够使教师教课感到轻松，也会使学生对知识的掌握程度增高，同时对促进心理健康教育的实施有了更大的促进作用。

3. 营造积极进取的文化教育氛围

文化教育氛围是指在社会中由文化所塑造的物质与精神环境的总和，在一定程度上体现了特定社会历史文明、物质文明和现实文化的特征和发展水平。营造积极进取的文化教育氛围，对大学生塑造积极心理具有重要的促进作用。对于大学生来说，积极的心理品质对负面情绪的调适具有重要作用。大学阶段是人生的关键时期，同时也是自我认知构建的关键期。一般来说，大学生在生活、学习、情绪控制、人际关系、就业压力等方面均或多或少会遇到困扰，大学生在校园中构建起自己积极的心理品质是尤为重要的。积极的文化教育氛围对大学生心理的影响既是有形的，也是潜移默化的，并通过社会、学校、家庭联合作用，发挥影响。

（1）营造积极进取的校园文化教育氛围

高校是对新时代大学生进行心理健康教育的主要场所，塑造积极的心理离不开积极进取的文化教育氛围，所以在校园中创造积极进取的文化教育氛围是十分必要的。

一要营造鼓励大学生进行自主认知的文化教育氛围，通过举办主题突出、形式多样、吸引力强的校园文化活动，引导大学生在合理的社会比较中积极客观地对自我进行认知，使大学生能够在自我认知的基础上，积极接纳自我。同时，准确科学地分析自身心理存在的问题，并进行归因分析。鼓励大学生辩证地看待挫折进而以理性的态度面对挫折。通过鼓励性的文化氛围，引导大学生在内心建立起积极的认知图式。

二要营造好引导大学生形成积极的情绪品质的文化教育氛围。要通过调查研究这一过程，把握大学生在心理层面的需求，以此为基础进行有针对性的心理教育，帮助大学生分析心理需求背后的情感诉求，并传授大学生调节情绪的方法，包括情绪转移、宣泄、放松等具体的调整情绪的有效的和健康的方法，帮助大学生在学习和生活中开展积极的情感体验，规避消极的情感体验带来的压力。

三要开展促进大学生建立积极心理的实践活动，引导大学生向积极的行为进行有效的转变。充分利用好学生社团、学生会、共青团、学生党支部等学生组织的功能，积极创办以大学生心理健康教育为主题的活动。高校中的各类学生组织，是大学生充分展示自我、锻炼能力的平台，通过学生组织开展实践活动，激活学生的主体性和自觉性，充分调动学生的积极性与创造性，使他们由被动地接受教育转变为主动地了解心理健康方面的话题。鼓励大学生在参与实践活动的过程中，自觉地把自己掌握和建立起来的积极心理学理论、方法和技巧运用到学习和生活的各个方面，并且在具体的社会实践和社会交往之中不断主动地践行积极认知、保持积极情感，把积极的认知和情感外化为行为举止，从外部进行强化。

四要提高大学生群体的体育锻炼时长，促进大学生养成体育锻炼的习惯。积极心理学的研究显示，短时间的体育锻炼对人产生积极情绪有所助益，长时间的锻炼对人产生幸福感有所助益，并且长时间的锻炼对减轻个体的焦虑和抑郁也有比较显著的作用，对人的生活水平、工作效率都有显著的正相关联系，可以增强个体的自我意识。此外，长时间的锻炼有利于个体强壮体魄，提高自身的机体健康水平，而健康的身体也会对心理的健康有很大正向影响作用。体育锻炼会不同程度地提高人的新陈代谢速率，新陈代谢速率提高会促进人从疲劳状态的恢复，也有利于个体提高心理健康水平和精神状态。同时体育锻炼也会增加个体进行社交的机会，促进人建立良好的人际关系，这对个人的心理健康也有助益作用。通过体育锻炼加强大学生积极心理品质的培养具有理论依据和现实可行性。

五要开展社团活动，塑造大学生积极的心理品质。大学生社团是以共同爱好、特长、目标追求为基础的，自愿组建的学生组织。丰富的社团活动对于活跃大学生思想、增进交流具有积极的意义，是大学生的"第二课堂"。高校要有效发挥社团的积极作用。

首先，加强社团学生干部队伍建设。选拔一批心理与政治素质过硬、综合能力卓越的优秀大学生作为社团负责人，并对负责人进行定期的培训与考核，使他们成为教育者的得力帮手。其次，以社团活动为依托，将心理健康教育渗透其中。宣传心理卫生知识，介绍维护心理健康的新知识、新方法，使社团成为课堂教学的延伸和补充，促进社团活动与学校教学的良性互动。使大学生通过活动发展能力、操练品行，发挥社团教育人、凝聚人的作用。大学生社团类型丰富，不同类型的社团对于大学生能力的发展各有侧重。如公益服务类社团注重培养大学生的服务意识和奉献精神；技能类社团则以发展大学生的技能为重点。在社团负责人把握社团活动正确政治方向的前提下，提倡由社团成员共同商议、共同完成社团活动的策划、组织、开展与反馈，使社团成员在参与活动中能够发挥各自特长，培养团队意识，从而获得成就感与归属感。

（2）要营造积极安全的网络文化教育氛围

随着互联网时代的发展，网络在对大学生进行心理健康教育的过程中发挥着越来越重要的作用。营造积极进取的文化教育氛围，要以高校学生喜闻乐见的网络教育平台为载体，建设一批品质优良的网络资源库，打造丰富多样的网络在线课程，组织形式多样的网上学习互动活动，拓展心理健康教育的渠道。

一是要建设资源充足的网络心理健康教育资源库，借助网络平台信息传播速度快、信息承载量大、形式新颖、互动性强的特点，打造一批有广泛影响的文化教育网站，设立心理健康教育专栏，提供形式活泼、内容丰富的在线学习媒介平台。

二是要打造品质优良的心理健康教育在线课程。打造优秀的心理健康教育网络精品在线课程，汇集在心理学方面有造诣的专家，选择与大学生学习、生活、心理有关的主题，录制系列网络公开课。充分发挥各高校自身的优势，开发具有特色的文化网络课程。利用好网络课程可以不受时空的限制，随时随地能够接受心理健康知识的优势，为学生的学习提供便利。

三是组织形式多样的网上学习互动活动。加强校园网络建设，结合网络传播的特点，开展丰富多彩的网上活动，如趣味调查、时政问答、热点访谈、心理聊天、学术论坛、主题征文、影视展播等学习互动活动，调动大学生参与的积极性，真正发挥出互联网文化吸引人、凝聚人、教育人的良好效应。

（3）发挥好学校、家庭、社会文化教育氛围的合力作用

大学生心理健康问题，不仅仅是学校需要关注的重点问题，更是家庭和社会需要重视的问题。因此，营造积极进取的文化教育氛围需要群策群力，要在发挥学校文化教育氛围的基础上，整合家庭、社会的教育力量。

一方面，要重视发挥家长委员会以及各类家长学校、家庭教育指导机构、校

外活动场所的作用，把学校教育与家庭教育紧密结合起来，不仅学校要营造积极的文化教育氛围，家庭的文件教育氛围也不可缺失。家庭要积极组织开展学生和家长共同参与的心理健康体验活动、主题教育实践活动、志愿者服务和公益性活动。倡导家长营造良好家风和重视孩子心理健康的家庭教育氛围。

另一方面，重视社会在进行大学生心理健康教育中的作用，发挥好社会在辅助高校进行心理健康教育的作用。高校应加强与社会各机构的联系，将高校课堂与社会实际紧密相连，再由社区、法院等机构开展教学活动，使大学生在了解民风民情、社容社貌中体验良好的人际氛围，建立稳定的社会支持。

4. 促进心理健康教育课程与心理咨询工作共同发展

当前高校的心理健康教育采用两种方式：一是心理健康教育课程；二是心理健康教育咨询中心辅导。心理健康教育课程采用的是必修、选修、心理健康讲座等方式，咨询中心的辅导采用的就是单一寻求帮助的方式，咨询中心的解决方法范式比较老套，主要是以治疗为主，采用"病理式"的治疗方法，学生的参与度不高。针对这两种心理健康教育方式，给出一些意见及建议。

心理健康教育课程与咨询中心可以联合辅导学生，心理健康教育课程首先在积极心理学的引导下要有所改变，心理健康教育课程内容的转变，倾向对学生正向积极力量的培养，教学也不拘于只是在课堂上教授知识，授课教师可以开展丰富的积极心理体验活动，聘请一些积极心理学研究专家，为大家科普积极心理学知识，提高学生对积极心理学的理解，同时也是为了提升积极心理学在心理健康教育中的重要性。

因很多学生不喜欢去咨询中心进行辅导，认为有问题的人才会去，所以采用集体的方式去进行积极的心理咨询，在那里不区分谁有问题谁没有问题，人人都可以提问，人人可以咨询。这是一种积极的体验，同时也可以让学生的心理问题得到解决，对心理咨询也没有那么的排斥，是一件一举两得的事情。这两者的共同作用，更能促进心理健康教育的功能发挥。

（五）兼顾积极心理品质的培养和心理问题的化解

在积极心理学视域下，高校心理健康教育目标的整合，即培养全体学生健全的心理素质和帮助少数有心理问题的学生解决问题这两个方面。兼顾这两个方面，心理健康教育才会在本质上得到提升。针对积极心理品质的培养，作为学生个人应在平常的生活中关注并注重培养自身的积极品质，以乐观的态度面对生活中发生的问题，在遇到问题时也要积极地去面对解决。积极的个体体验有助于积极品质的培养，所以学生们在学校生活中应多参加一些积极体验的活动，通过积极体验的积累促进积极品质的培养。从教师层面来看，教师应在心理健康教育中增加对积极品质培养这一环节，对教育方法进行更新，不再只是关注少数问题学生，而是全体学生共同发展，培养积极的品质。从学校层面上来说就是对心理健康教育目标的重新定位，进行目标的整合。培养学生健全的心理品质这一目标比仅仅消除学生的心理问题更具有意义。积极的心理品质本身就具有预防和治疗的作用，只要个体得到积极的发展，使其自身潜在的积极因素得到激发，自然而然就可以避免心理问题的产生。学生如果缺乏积极的心理品质，造成内驱动力的不足反而会作用于外作用力，外作用力也就是外在的表现，包括是否有自信心、是否能更好地适应社会发展、是否能很好地处理人际关系、是否能更好地控制情绪等。因此这是一个相互作用的事情，由此可以看出积极心理品质的重要性，它对一个人由内到外都很重要。学校将积极品质的培养作为重点教育目标，使得心理健康教育能够更好地实现其价值。

（六）实施科学化与人性化相结合的教学管理制度

实施科学化与人性化相结合的教育管理制度，是高校进行心理教育的理性选择。教学管理制度是高校进行心理健康教育的基本保障，是提高大学生心理健康水平的重要基础，对于维持教育的秩序、保障教育的质量具有重要的作用。要实施科学化与人性化相结合的教育管理制度，就要完善与大学生心理健康教育相关的规章制度；建立健全大学生心理健康教育的组织机构，发挥好教育管理主体在教育过程中的重要作用；优化管理流程和管理手段，打造高效的心理健康教育管理制度；要树立人性化的管理理念；设置人性化的管理手段，同时，正确认识教育管理制度的科学化与人性化的关系，在明确关系的基础上，将科学化与人性化有机结合，发挥好教学管理制度在大学生心理健康教育上的重要价值。

1. 注重科学化

科学化是指探求客观规律、认识世界、追求真理的过程。教育管理制度的科学化，体现在教育规章制度、教育组织机构、教育管理流程等方面。

第一，要完善与大学生心理健康教育相关的规章制度，使大学生的教育管理过程有"章"可循，有"法"可依。要根据大学生心理发展的规律与心理健康教育的规律，完善教育管理体系、科学制订教学计划。依据教学目的与教学计划，规范开展教学监督、学生反馈活动，使大学生心理健康教育的管理过程形成联动的闭环。

第二，要建立健全大学生心理健康教育的组织机构，发挥好教育管理主体在教育过程中的重要作用。教育组织机构要以学生为中心，以心理教育教学为重点，加强层级化管理，明确好各层级管理人员的责任意识，提高管理人员的工作能力，改进工作方法，在组织机构层面力争心理教育工作的高效开展。

第三，要优化管理流程和管理手段，打造高效的心理健康教育管理制度。在进行实际工作的过程中，要以培养目标和教学规章制度为基本依据进行管理，遵循心理教育目标的指导，遵守相关制度，实现教学管理规范化、制度化。同时，要在管理过程中实行激励机制。运用有效的激励机制，调动心理教育过程中的教师与学生的积极性和主动性，通过激励将心理健康教育的外部管理过程中的由外在的强制性控制转化为内在的自我控制，以便在一定程度上调动教师与学生的主观能动性和创造性，提升心理健康教育的效果。

第四，要把握好大学生心理发展的规律。高校心理健康教育管理者要认识到大学生心理上的特点：一方面，大学生是具有较高文化水平的青年；另一方面，又是心理尚未成熟且不稳定的群体，他们在接受教育的过程中，不仅希望获得知识，也希望在情感层面上得到尊重与信任。心理教育管理者要把握好大学生的心理发展特点与规律，在此基础上才能科学地设置教育管理制度。

2. 注重人性化

人性化是指以人为中心，将符合人的需要、促进人的全面发展为目的的价值取向。在传统的教育管理中，教师、学生均被当作管理的对象，并通过具有强制性的手段进行管理活动，这使得学生与教师的主体性受到了严重的限制，特别是心理健康教育领域，教育效果大大减弱。近些年来，随着我国社会的发展与教育事业的进步，人性化教学管理越来越受到教育工作者的重视。人性化教学管理制度能够有效地促进人的全面发展，同时能够推动社会全面发展。实现人性化的教育管理制度包含以下几个层次：

第一，管理理念的人性化。管理理念是支配管理制度、管理手段的基本原则。管理理念的人性化意味着以大学生心理健康教育中的学生与教师的需要为根本，将管理与服务的意识统一起来。

一方面，对大学生的管理要求要与服务理念相统一。相关管理部门在规范行使管理权利的同时，要履行好服务学生的义务。在心理健康教育的过程中，要积极听取学生的意见、明确学生的需求、尊重学生的意愿，以满足学生身心发展的需要。在对大学生进行心理健康教育的过程中，要多鼓励学生，使他们在教育过程中的主体性身份被充分重视，让学生在教育过程中更加主动与积极。

另一方面，对教师的管理也要体现人性化。教师在教育管理活动中，同时扮演着管理者和被管理者的身份。当教师作为管理者时，教师要具有人性化的教育理念；当教师作为被管理者时，对教师的管理不能刻意追求量化的指标，这只会使教师疲于满足各项指标，将教学工作搁置一旁。对教师的管理要尊重教师的主体性与创造性，要将调动教师在教学过程中的主观能动性与创造性作为价值取向。可以说，对大学生进行心理教育，离不开因材施教的教育理念，如何开展因材施教的心理健康教育，以及如何使因材施教的教学效果得到充分的发挥，与教师的教育意识、教育方式密不可分。当学校的教育管理制度能够为教师营造良好的教学环境、提供及时的教学服务时，教师的主动性与创造性才会更好地发挥出来。

第二，管理手段的人性化。管理手段是管理理念的操作化，大学生心理健康教育管理手段的人性化是落实人性化管理理念的具体化。

首先，要增强管理手段的针对性和个体化。根据大学生心理健康发展的规律，采取相应的管理手段。通过调查研究，把握大学生心理出现的问题，才能有的放矢地开展教育，实现大学生心理的健康发展；面对不同学生多样的心理健康问题，要做到具体问题具体分析，而不是笼统地、宽泛地进行心理健康教育。教师要根据各个学生不同的心理健康出现的问题，有针对性地设计教学目标，并分别给予学生相应的指导，以满足不同学生的不同需要。

其次，要根据教师的具体教学实践，有弹性地开展管理活动。以"柔性管理"与"刚性管理"相结合的管理手段，在规范教师教学工作、稳定教学秩序、加强教学质量的同时，尊重、鼓励教师在教学工作中的创造性，鼓励教师充分发挥自身优势与专业技能，开展具有特色、形式多样的心理健康教育活动。

3. 注重科学化与人性化相结合

推动大学生心理健康培育的发展，需要科学化与人性化相结合的教育管理制度。教育管理制度的科学化与人性化是相互影响、相互作用的两个方面，要推动教育管理制度的科学化与人性化的结合，就要明确两者的关系，在明确关系的基础上，将科学化与人性化有机结合，才能发挥教学管理制度在大学生心理健康教育上的重要价值。一方面，教育管理理念的人性化是教育管理制度的价值取向与目标追求，是教育管理制度科学化的内在诉求；另一方面，教育管理制度的科学化是实现教育管理理念人性化的重要保障，当大学生心理健康教育在科学化的管理制度下有序进行时，人性化的教育管理理念才能得以彰显；如果教育管理是无序的、低效的，那么教育的人性化也会大打折扣。

二、注重家庭教育的影响力

家庭是孩子幸福人生的起点，是学校继续教育的基础。家庭教育作用发挥的是否得当，将影响到高校教育的实际效果。习近平总书记指出："无论社会如何发展，家庭的作用都无法替代。"家长应该创建好家庭、实施好家教，担负起教育子女的重要职责。

（一）学习心理健康教育的相关知识

大学生的心理特征主要包括两个方面，一方面是大学生群体具有的普遍性心理特征，另一方面是不同大学生个体由于独特的先天特点和生活环境而具有的心理特殊性。因此，父母要通过学习掌握大学生子女心理发展的特点与规律，尊重他们发展的普遍性与特殊性，在此基础上对子女实施教育引导。善于观察孩子的神情、言语等特点，正确把握子女的心理状态，从而根据子女的实际情况，灵活选择和运用心理健康教育方法，进行有针对性的教育。家长不仅要学会运用所学知识及时发现孩子的心理问题，并且能用正确的方法对他们进行心理调适，引导他们克服成长中的困惑与烦恼，陪伴他们健康成长。

（二）营造温馨的家庭教养氛围

一方面，倡导民主型的教育方式。家庭教育要坚持民主、平等的原则，给子女更多机会展示自己。把孩子看成是有自己独立思想情感、内心体验和自主性的个体，尊重他们的人格。就事论事地指出孩子的缺点，并指导他们加以改正，而不要用讽刺的言语打击他们。帮助子女恰当地表达积极的情绪，排解不良情绪，维持积极健康的心理状态。在适当的情景下，要多表扬和鼓励孩子，帮助他们增强信心，创造民主平等、和谐融洽的气氛。

另一方面，融入情感教育。良好的家庭成员关系为子女涵养美德、陶冶情操提供心理港湾，是子女心理健康发展的土壤。父母要做到"寓爱于教、寓情于教"，使整个家庭教育充满情感张力。有意识地向子女传递爱和幸福的感觉、培养积极的情绪、传达健康的情感，使子女在充满爱的家庭中汲取成长的力量。此外，父母在教育子女之前，要了解孩子的理想、兴趣、需要等，进而在教育中满足子女的合理需要，激发他们的创造力。

（三）运用恰当的激励教育方式

美国著名心理学家威廉·詹姆斯（William James）曾提出"人性最深刻的原则，就是希望别人赏识自己"[①]。一个人如果能够经常得到别人的肯定和激励，就会充满信心，改正不良行为。反之，总是被他人批评与嫌弃，往往会产生逆反心理、自暴自弃，不利于个体的健康发展。激励可以使人心情愉悦，激发自身积极性和发展潜能。一个人未被激励时，只会发挥他能力的20%～30%；而当他被激励后，他发挥的能力是受到激励前的3～4倍。可见，激励是进行教育的有效方法，对于个体成长具有重要意义。

大学生是处于发展中的人，他们有自身的优点和长处。父母要理性地面对孩子的一切，不以一时的成败给孩子贴标签，保持对子女的信任、接纳和欣赏。善于发掘子女身上的优点，赞赏子女的努力与成长，并提供条件激发他们的潜能。在激励过程中，家长要坚持精神激励为主，避免过分的物质激励；正向引导为主，避免过于严苛的指责。要适度地表扬进步、指出需要改进的地方，激励大学生不断完善自我。父母对子女要爱而不娇、严而不苛，优点要给予肯定，缺点能够加以辨别，并运用正确的方法加以引导。既不要过分严苛，也不要过分溺爱，培养人格健全的孩子。子女的大部分行为和心理模式都是从父母那里学习的。家长要

---

① 张婷婷．领导力 [M]．长春：吉林文史出版社，2018.

以身作则，在情绪理智和行为习惯方面为子女作出表率，提高在子女心目中的信任感与接纳度，树立身心健康、言行得体的人生榜样。

（四）建立积极的亲子关系

积极的亲子关系不仅能够营造和谐、宽松的心理环境，满足大学生的各种心理需要，而且有助于维护家庭的稳定与和谐。现实生活中，由于生活习惯的不同、年龄差异等原因，亲子关系会面临不同的问题与挑战。父母要适当地调整教育态度与方法，形成健康积极的亲子关系。

首先，树立正确的亲子观。在一些家庭中，家长习惯以权威的姿态与子女相处。然而，权威型的亲子关系不但不利于父母与孩子的交往，反而会导致亲子矛盾。大学生子女在年龄上是成年人，但他们的生活方式与思维方式与成人有一定的差别。他们的个人意识与独立意识强烈，希望获得父母的认同与理解。父母要以平等的理念同子女相处，放手让孩子独立交往、活动，培养他们的独立意识与行动能力。每一个子女都是独立存在的个体，家长需要观察和领会子女的行为模式和兴趣意愿，从而更好地进行教育。其次，加强亲子之间的沟通交流。父母要时常与孩子交流，给他们自由表达自己想法的权利，尊重他们的意见和建议，与孩子建立一种信任关系。父母在教育过程中，可以尝试将自己放置在与子女共同探索世界的同辈朋友的角色位置上，与子女共同感悟外部世界，与子女获得共同的成长。父母与子女只有达到心灵与情感的沟通，成为精神上的伙伴，子女才能信任父母，愿意将自己的心事向父母倾诉。父母才能及时发现并解决子女成长中的问题，亲子之间互相体谅与关爱，形成双向互动的、和谐的亲子关系，有利于子女身心的健康成长。

三、构建社会教育的支撑系统

积极心理学倡导营造积极的社会育人环境。人与周围环境具有相互作用，人在创造环境的同时，环境也影响着人。因此，有必要以社会为依托，发挥社会支持的积极作用。

（一）营造积极向上的社会道德风尚

社会风尚是一个国家、一个民族文明程度的象征，对于制约和调节社会成员的言行具有强大的精神感召作用。和谐美好的社会风气和精神环境使人精神舒畅，有助于提高国民素质及大学生心理健康水平。进步的时代需要向上的精神，发展的社会需要积极的风尚，用积极向上的社会道德风尚引导大学生健康成长、引领公民幸福生活。

首先，相关部门要做好宣传与教育工作，引导公众端正道德认知。充分发挥各类媒体在传播社会公德方面的重要作用。大力宣传先进典型，坚决批评不道德行为和错误观念，抑制腐败之风和不正之风，净化道德环境，使公德意识和公德价值理念得以弘扬和传播。

其次，加强社区建设。社区组织要提倡居民文明健康的生活方式，鼓励与组织居民积极开展社区公益活动，定期开展孤寡病残等弱势群体的帮扶活动。增进社区居民间的沟通与交流，构建和谐互助的邻里关系，形成团结友爱、安定有序的社区环境。此外，公民要身体力行，树立社会公德观念，培养健康理性的公共意识。公共场所言行文明、爱护公共设施、自觉遵守公共秩序、人与自然和谐相处，全员参与社会道德风尚建设，营造积极向上的社会氛围。

（二）积极加大政府政策的支持

积极心理学的重要任务之一就是呼吁构建积极的社会环境，建立完善的政策与设施体系，提升人们主观幸福感。而在当前我国政府愈加重视民生，重视民众生活幸福程度的社会背景下，积极心理学对政府职能转变和政府政策制定具有重要的指导意义。一方面，政府应转变职能，采取积极的价值取向，从群众需求出发，制定完善的法律法规以及公共项目，提升人们的生活品质，构建理性平和的社会心态。另一方面，在不同的领域，通过测量人们的幸福指数，关注大学生这一群体的情感反应，作为政府制定政策和评估的指标，如部分地方政府通过开通网上参政议政通道，促使政府人员多次在网上与大学生就国事政事进行交流，既有利于政府了解民情，又提升了大学生参与国事的满足感和成就感。

（三）积极维持社区的友好关系

加强社区环境建设，构建良好的邻里和谐关系，有利于提高居民和孩子们的心理健康素质，提升他们心理健康水平。因此，社区可设立由学校、家长、社会中的社区代表共同组成积极心理工作委员会，通过以"让我们更幸福""同飞蓝天、奔向希望"等为主题，开展文体、社区书展等活动，号召居民积极参与，提高他们感受真善美的能力；也可将积极心理学的理念融入社区医院中，通过为学生提供公益岗位，让他们参与志愿活动，有助于培养学生负责、奉献精神，为他们的心理健康提供重要的支撑力量，同时这也为促进学生的健康成长提供了良好的环境氛围。

（四）发挥媒体正向的舆论导向作用

一方面，要形成积极的社会舆论。大众传媒要增强社会责任感，树立正确的价值导向，坚持正面宣传为主的工作方针，将社会效益作为重要的工作准则。在重大问题、热点问题上，宣传者要始终保持冷静的头脑，严格把关、掌握尺度，形成积极正向的舆论环境。加强对好人好事的报道，宣传人性中的积极品质和优秀潜能，引导人们主动发掘闪光点。使社会"正能量"和积极精神在舆论的作用下得到广泛宣传，营造良好的舆论环境，成为大学生不断进取的精神动力。

另一方面，传媒要兼具娱乐性和教育功能。广播影视以及新闻出版等部门要根据大学生的需求，利用大学生喜爱的栏目宣传健康向上的精神文化作品。用社会主义核心价值观和中华民族优秀文化滋养大学生心灵，培养大学生高尚的道德取向和高雅的审美心理。同时，大众媒体可以利用自身的平台优势，开展一些有针对性的教育节目和专栏，帮助受众排除心理障碍、排解心理压力、消解不良情绪，引导他们合理地表达情绪、追求幸福。

（五）培育理性积极的社会心态

理性积极的社会心态是社会进步的表现，也是构建美丽中国的重要保障。我国正处于改革发展的关键期，利益格局的调整、社会结构的变化，使社会出现了急功近利、心浮气躁等不良社会心态，不利于大学生的健康发展。因此，有必要培养社会成员理性积极的心态，发挥健康心理在调节各种矛盾中的重要作用，引导公民正确处理各种利益关系、理性合法地表达人们的利益诉求、解决各种利益冲突，为大学生的健康发展创造和谐安定的外部环境。

一方面，要提高社会成员的法律意识，避免情绪化的思维和简单粗暴的行为方式，减少社会负面事件的发生，增加社会发展的和谐因素。另一方面，要积极开展社会成员的心理和谐建设，建立健全的民意诉求、危机干预、矛盾调节与权益保障机制。对贫困、残疾等弱势群体，给予切实帮助。在民生改善、政策倾斜、社会保障等环节建立良性机制，构建一个公平的竞争环境，使公民通过自己的努力都有成功的机会。同时，利用电视、刊物、互联网等渠道宣传与普及心理健康相关知识，指导社会成员做好自身的心理保健，培养国民理性平和的社会心态，营造健康向上的心理环境。

四、发挥大学生主观能动性

人的根本特点在于能够通过自我调节去改善自己的心境，寻求最佳途径实现自己的目标。大学生心理困惑的解决、心理素质的优化与提高，是大学生挑战自我、超越自我的体现。因此，大学生要通过主体努力，提高自主维护心理健康的意识和能力。

（一）激发大学生责任感，提升自我效能

增加自我效能感与责任感是大学生增强心理资本的重要方式。只有从自身增加满足感与效能感才能树立真正的自信，从而达到对自我的认同与肯定，减少自卑情绪和心理素质薄弱等问题。增加自我效能感与责任感可从以下几方面入手。

首先，要进行自我教育。自我教育要全面认识自我、理性剖析自我、善于接纳自我。树立自信是克服消极心理的关键，真正的自信来源于对自身全面的分析和理性的评价，要懂得扬长补短，既不妄自菲薄也不妄自尊大。

其次，自我教育要善于激励自我。激励对于困境和挑战来说就像强心针和力量补给站，当自我对自己的能力和选择充分肯定时，所获得的力量比从外界和他人身上汲取的力量更大。

最后，自我教育要以理论知识为基础，灵活运用于实践过程之中。自我教育不是纯粹的自我劝慰开导，而是要基于正确的理论学习，了解自身心理问题，剖析自我，从整体审视，局部改进，在不扰乱基本生活学习节奏和未来规划的基础上提升自我能力。

乐观心态是增强自我效能感的影响因素，也是保持心理健康情绪的重要一项。当心态保持乐观向上时，就会对所面对的挫折产生勇敢面对的力量，也会不断通

过自身努力克服困难，走出挫折，一定程度上在解决问题中增强自我效能感与责任感。

（二）建立和谐的人际关系，增强朋辈支持力

良好的人际关系是健全人格的体现，是人与社会联系的纽带。大学生的学习和生活都处在各种集体环境中，和谐的人际关系可以增强大学生的归属感，产生良好的情绪状态，形成积极健康的心理。和谐的人际关系也可以形成积极的朋辈支持。调查显示，当遇到心理问题时，多数大学生会优先选择向朋友倾诉、寻求帮助，如果能得到朋辈的支持，会提高他们的幸福感。

大学生要善于与他人交往，与他人保持友好的接触，将自己融入集体环境中。与他人交往时，要善于倾听，坚持真诚的原则，真心帮助他人而不求回报。能够向朋友提出诚恳的意见，既不奉承别人，也不诋毁他人。努力塑造自己的个人魅力，形成积极的"朋友圈"，增强个人的归属感与朋辈支持。当大学生陷入情绪困扰时，要充分利用良好的人际关系，积极争取亲人朋友的支持和帮助，消除不良情绪。同时，在别人遭遇困难时应该主动给予帮助，倾听朋友的烦恼，帮助寻找解决办法，既增进友谊又获得支持。

（三）确立合理的人生目标，增进主观幸福感

奋斗目标引导和激励着人的行为，为个人发展指明了前进的方向。理想自我的构建应该以坚固的现实条件为前提。理想自我与现实自我相差越大，越容易产生不良心理。反之，理想自我和现实自我越接近，则心理健康水平越高。大学生要按照社会的需要和自身的实际情况（包括个人的知识、能力、经济等）确立合理的目标。

合理的目标必须具有明确性和可实现性。首先，明确的目标。明确的目标是实现目标的重要条件之一，包括目标的内容、完成期限、应该达到的标准等。具体明确的目标能够使大学生具有目标感，明确自己应该做什么，引导大学生朝着目标的方向努力。其次，能够实现的目标。合理的目标要难度适宜，通过努力可以实现，目标设置过高，不但难以实现，而且会因失败使人产生挫败感，降低自信心；目标过低会轻易实现，降低成功带来的幸福体验。因此，大学生要学会确立合理的人生目标，并通过刻苦努力实现目标，增加个人的成功体验，增进主观

幸福感。在追求目标的过程中，使个人的需要得到满足，个人的价值得以实现，增强自我效能感，发展积极的心理品质。

（四）坚持适度的体育锻炼，锤炼坚强意志品质

身体素质是培养心理品质、提高心理机能、发挥心理潜能的基础。作为生长发育时期的大学生，加强体育锻炼、增强体质是保持精力充沛、情绪良好的有效方法。英国伟大的教育家约翰·洛克（John Locke）在《教育漫画》的开篇就强调了身体健康的重要意义，他认为健康的心理依赖强健的身体，健康是一个人正常工作与幸福生活的前提。

体育锻炼需要身体和心理的双重投入，在锤炼大学生坚强的意志品质方面具有独特的优势。通过体育锻炼，大学生可以不断克服主观（懒惰、胆怯等）和客观（如天气状况、环境等）困难，从而形成坚韧的意志品质。

大学生面临即将到来的就业与升学压力，在生理和心理上产生了不同程度的紧张和疲劳。近年来，高校频发的暴力事件显示大学生的心理健康状况不容忽视。要想改善这一状况，除了采取心理方面的措施，进行体育锻炼、参加有益身心健康的体育活动也是必要的。专家指出，适当的体育运动可以使身体产生一种多肽物质，它能令人精神愉悦振奋，而这些积极的体验会促使人持续地进行体育锻炼，从而获得良好的心理效应。国际运动心理协会的报告曾指出，运动有助于减缓焦虑、压力，带来积极的情感效应。其他国家已有案例将体育锻炼运用到心理治疗当中。大学生要积极参加体育活动，在团队活动中体验合作的快乐、朋辈的认同，在体育竞技中体会成就感，形成积极的人格品质。

第五章　探寻积极心理健康教育的途径

本章分为构建积极心理健康教育课程，丰富大学生积极心理健康教育活动，加强大学生积极心理健康教育宣传三个部分。主要包括坚守心理健康教育课程的主体地位，发挥课堂知识教育主渠道作用、聚合思想政治教育等积极心理健康教育课程构建途径，完善心理健康教育实践机制、开展多样校园文化活动等大学生积极心理健康教育活动途径，广泛宣传积极心理健康教育价值理念、重视高校历史文化的宣传等大学生积极心理健康教育宣传途径等内容。

第一节　构建积极心理健康教育课程

一、坚守积极心理健康教育课程的主体地位

教育教学在高校心理健康教育中发挥着主阵地的作用，心理健康知识的普及，包括新生适应、情绪调节、人际关系、恋爱关系、自我认知、生命教育等需要学生有一定了解，心理健康知识都主要依靠教育教学的手段获得，也可以说教育教学是覆盖面最广的心理健康教育方式。课程教学作为普及心理健康知识最主要的途径，充分发挥课程教学的主渠道作用，对于咨询服务及预防干预工作都有非常积极的影响，心理基础知识的普及，能够帮助学生正确认识咨询服务，同时学生能更好地掌握自身心理状况，面对难以解决的困惑时寻求专业帮助，从而帮助预防干预工作的开展。

大学生积极心理健康教育课程是大学生心理健康教育中的一种形式，教育是产生某种效果的实践活动，其中课程教学是各种实践活动中效果更好、最直接的一种。相对于大学生心理健康教育这一概念，大学生积极心理健康教育课程将研究与讨论的范围集中到一个可操作、可观察、内容丰富，同时存在宏观与微观视

角的计划上。因此，大学生积极心理健康教育课程是根据大学生的身心发展特点，通过知识传授、心理体验与行为训练的形式对大学生进行有目的、有计划的教育和引导，帮助大学生解决心理困惑，实现心理素质发展的课程。

大学生积极心理健康教育课程的主要目的不是传授和灌输系统的理论，而是让学生在体验的过程中获取知识，这意味着心理健康是一种以活动课的方式来教学的公共课程。活动课意味着学生是本课程的主体，教师起着引导、建议的作用。要尊重广大学生群体的主体性，因为心理健康教育课程的根本目的是培养他们获得心理自助能力，而这种能力只有在亲身实践中才能获得。要认真贯彻执行，将大学生心理健康教育课程纳入教学计划和培养方案。主干教育课程可作为覆盖全年级的公共必修课，延伸教育课程可考虑年级学生情况的不同，灵活分布在不同的学期开设。同时还要积极创造学习的客观环境条件，为课程教学提供必要的设备和信息化资料，如心理测评系统、心理教育辅助软件、视听教材等，配备合适的教学场所。心理健康教育越来越受到高校的重视，要时刻坚守心理健康教育课程的主体地位，可以从课程的目标、课程内容的设置、培养方案等方面入手，明确心理健康教育课程的性质是学生以实践活动课的形式体验所学理论知识的公共必修课程。

首先，制定完善的积极心理健康教育课程教学目标。具体可以参照《普通高校大学生心理健康教育工作实施纲要（试行）》《普通高等学校学生心理健康课程教学基本要求》等文件精神，紧密结合新时代对大学生积极心理健康教育的要求，努力在教学目标中贯彻党的十九大提出的"加强社会心理服务体系建设，培育自尊自信、理性平和、积极向上的社会心态"的精神，将心理健康素养的培养作为课程目标，关注大学生心理知识观念、情感态度、压力管理和行为习惯的共同作用体现。同时针对新时代大学生生活方式、阅读方式、学习方式、处理问题方式的特点和实际情况，在相应章节凸显关于正确对待压力管理等内容，旨在提高在校生对心理健康的认识，通过训练提升其心理素质和健康水平。

在教学设计上，为了切实解决心理健康教育课时有限的问题，高校可以探索开展慕课、翻转课堂等教育形式，依托互联网和新媒体开展网络心理健康教育，充分拓展心理健康教育的空间。心理健康教育慕课、翻转课堂教学要建立起心理健康教育体系，让大学生对心理健康知识有全面认知，并能依托所学知识对自身身心健康状况进行评估，进行针对性的改进。例如，慕课教学应合理分配课时，避免增加学生的学业负担，避免学习压力过大；利用微课进行 10～20 分钟的心理小知识讲解等；对于大学生普遍关注的心理问题可以采用慕课进行专题教学等。例如，各高校在课程活动的设计上，可以设计一些让学生能够自助进行的心理调节方式，设计同学间可以相互帮助的活动，让学生在体验中有所收获。还可以选择大量的、新颖的心理辅导的方式和材料，供学生进行体验和尝试，解决他们的问题。

在教学内容上，根据大学生活不同阶段以及各层次、各学科学生群体的心理特点，针对性地实施不同的教学内容、因材施教。高校大学生面临学业、就业、人际关系等方面的压力，因此课程内容设置要适应基础性教学目标：心理健康观念的认知、心理异常的一般心理表现以及如何自我调整和心理咨询解决。设置中级教学目标：大学生自我意识探索、情绪管理、压力管理、人际交往。设置教学最高目标：促进大学生的自我发展和成长。

因此，在教学内容上语言要通俗易懂，学生通过自己的阅读和教师的指导能够领会心理健康在大学生活和人生成长中的意义，学会观察自己的情绪与压力，学会与人交往，学会恋爱与理智地面对性心理，对于生活中的突发事件有自控能力，处理好自己的心理危机，做好职业生涯规划等，选取的主题应贴合大学生的生活实际内容。

二、发挥课堂知识教育教学主渠道作用

大学生积极心理健康教育课程是传播积极心理健康知识，提高学生对积极心理健康教育了解程度的最主要的途径，为此，要更好地推进教育教学工作，就要充分发挥课堂教学的作用。作为学校心理健康教育专职教师，绝大部分专职教师都负担心理健康教育课程教学的任务，可以从以下几方面着手使课堂教学落到实处。

在教学内容上，应该包含知识讲授、个人心理体验、心理调节三个层面，并且更加贴近学生目前所处阶段面临的心理问题，使课堂教学落到实处。同时，学校可以联合各二级学院，通过举办贴合学生生活的心理健康教育专题讲座，为课程教学提供一定的补充，同时也为大学生积极心理健康教育提供理论层面的指导，

帮助学生更好地学习实操技能，从而使学生学会更好地认识自我、悦纳自我，同时掌握自我调节的方式。

在教学过程中，目前高校心理健康教育教学工作还存在部分欠缺，例如，部分教师在教学过程中没有很好地联系学生的现实情况，课堂教学就会相对枯燥。部分教师只注重理论的讲授，没有很好地结合心理健康教育实践的方式和创新教学的手段，学生难以理解，课堂效果不好，从而导致学生学习心理健康教育课程的积极性不高。因此，积极心理健康教育课程教师必须在课程教学过程中充分发挥育人功能，通过不断的学习提高自身理论知识的储备，在不断地课程教学的锻炼中寻找适合自己同时贴合学生的教学方式，使心理健康教育课程符合学生的理解水平，避免过于高深，进一步让学生感受到心理健康教育课程的魅力和心理健康教育课程教师的魅力，使高校心理健康教育取得更好的效果。

从学校的层面，将积极心理健康教育课程设置进一步规范，制订学生学习全过程的心理健康教育课程计划，并切实保障实施。设置公共必修课与选修和辅修系列课程，在课程设置的时候充分结合本校学生实际，实现高校心理健康教育课程的全覆盖，使系统化的心理健康教育课程覆盖学生在校的每一个阶段。针对课程定期进行评估，评估教师表现和学生反馈，以更好地实现心理健康教育课程的育人功能。

三、完善积极心理健康教育机制

大学生积极心理健康教育课程的教材也至关重要，在心理健康教育教材编制方面，应以学生的实际情况为基础，以学生易产生的心理问题为内容，提供相对应的心理健康的知识、解决心理问题的方法以及心理自助的指南。各高校在大学生积极心理健康教育教材的选择上应有严格把控，在编写教材时应整合多方力量，编写高质量的心理健康教育教材。

在教学过程中，各门学科都应发挥最大的积极心理健康教育价值，交叉学科的合理运用，可以在更大程度上体现出各学科的功能及价值所在。同时教师在进行教学活动的过程中，通过营造出轻松活跃的教学环境、完善教学内容、创新教学方式等途径来引导学生积极地思考，大学生通过对所学到的学科进行了解、学习及探索，在平等、合作及民主的师生关系中，完成教学任务。

当学校在进行积极心理健康教育时，学生所处的教育场所不应局限于在教室中进行。校园的环境建设可以影响学生的身心健康，而丰富的校园文化建设更能帮助学生提高心理健康水平。从学校的绿化到图书馆环境的建设，从简单的宣传栏到各类校园活动，都属于校园建设的一部分且都可以对积极心理健康教育起到传播的作用。学生大部分的时间都生活在校园中，校园建设持续地影响着大学生积极心理健康状态。

四、完善积极心理健康教育课程教师队伍建设

（一）加强学校师资队伍的教学业务培训

积极心理健康教育课程任课老师是学生心理健康的重要引导者，对提高大学生的积极心理健康水平起着促进作用。所以，全面贯彻党和国家对于积极心理健康教育课程实施的重要政策，离不开学校的大力支持，离不开专业的教学师资队伍。

教师不仅要在学习上教给学生正确的学识，同时也应在思想上正确地引导学生，提升学校的教育教学质量，关键是要加强学校师资队伍的建设。因此，高校要想办法引进高素质高层次人才，着力提升教师队伍的整体素质水平；积极选派专业骨干教师开展进修和深造，不断积累教学经验，提升教学业务水平。俗话说："教人先正己。"积极心理健康教育专任教师必须具备教育学、心理学等相关学历文凭和专业资质。重视师资队伍培训，确保积极心理健康教育专任教师接受专业系统地培训。同时也要重视对高校班主任、辅导员教师等其他从事高校思想政治工作第一线的干部教师们定期开展心理健康教育的知识培训，为学生的学习、生活、思想教育工作提供有效的保障，也能够促进日常学生工作的开展，能够及时发现和预防心理问题。

（二）创新教学方式

积极心理健康教育课程可以采用理论教学和实践教学相结合的方式，开展训练法辅助课堂传统讲授法，如开展心理健康测评、情景模拟演练、实际案例分析、分小组讨论、角色扮演、团体辅导、心灵体验活动等。

在积极心理健康教育教学过程中，对各种信息化资源充分整合和利用，采用

丰富的教学手段，如运用相关书籍、影视资料、心理测评工具等，还可以寻求社会系统的支持，聘请校内外相关专家讲授专题讲座等形式补充教学方法，教学方法是多种多样的。积极心理健康教育课程与其他大多数课程的本质类似，受教育的主体都是学生，教师有着辅导的职能。因此，在授课期间，教师应时刻关注学生的心理状况，尤其那些有心理问题的人，要善于针对不同的心理特征，提出具有建设性的建议，提升学生正确处理压力的能力。以往的心理健康教育课程枯燥且单一，我们应借鉴其他优秀的教学方法，可以在课堂中增加影视分析、游戏教学、情景教学、心理测评等环节，能从根本上调动学生的学习兴趣，引导他们积极参与，亲力亲为地发现并解决问题。

在目前大数据、云计算的环境下，在"互联网＋教育"的影响下，教育行业也迎来了新的契机，促进了整个教育行业迅猛发展。受"互联网＋"的作用，教育资源得到重新配置整合和充分利用，互联网将这些丰富的优秀资源联结在一起，为人们获取资源提供了便利，海量的知识随处可得，随时随地可供人们翻阅、检索，也大大降低了人们获取知识的成本，使知识的利用率显著提升。目前网课、微课、"云学习"等新兴的教学形式和学习形式应运而生，教师教学、学生学习不再受时间和空间上的限制，线上的教学和学习充分利用了网络载体，使得教师和学生在遇到不可抗拒的自然事件时，也能够不落下课程的进度，教师完成了教学计划，学生提高了学习效果。

（三）提升教学科研能力

积极心理健康教育课程的任课老师必须具备一定的学术理论水平和实际操作水平，在向大学生传授积极心理健康教育理论知识时，充分运用他们能够理解的深度进行讲解，在遇到心理问题、遭遇心理危机时，能够利用自身丰富的实际案例的经验，化解大学生面临的问题，并教育学生进行压力管理和情绪调节，从大学生自身案例上现身说法，分析问题、解决问题、归纳总结，引导大学生获得自己处理问题的能力，以应对未来的挑战。

同时，教师还必须时刻关注积极心理健康教育有关的方针和政策，根据最新要求，适当调整教学目标和课程设置，与时俱进；关注心理健康领域最新的学术动态，积极报名参加学术讲座、团体辅导、个案咨询等每一次能够学习新观点、新见解的机会，通过资深专家的分享与建议，结合自身和学校工作实际，不断汲取新的学术知识营养，丰富自身理论修养与学术水平。在心理健康教育领域，认真钻研心理健康相关的课题，提升科研能力。

总的来说，就是全方位提升积极心理健康教育相关教师的学术水平、教学能力、科研创新力。在各大高校成立一支德才兼备且热爱本职事业的心理健康教育教师团队，加强其专业技能的培养，鼓励教师积极申报相关科研课题，同时参与心理咨询及训练等方面专业知识地再学习教育。可聘请心理健康相关领域的专家加入教学团队，创新性地开展丰富多样的教学活动，全面提高积极心理健康教育的教学质量和教学效果。

第二节　丰富大学生积极心理健康教育活动

一、完善积极心理健康教育实践机制

实践活动作为宣传积极心理健康教育知识的重要方式，能够对积极心理健康教育课程教学提供有益补充，通过多样的实践活动增强普及积极心理健康教育的趣味性。实践活动是当代大学生积极心理健康教育的重要组成部分，在高校心理健康教育中也同样发挥着重要作用，实践活动是宣传心理健康知识，关怀大学生心理的重要途径，也是积极心理健康教育创新方式的有益补充，能够通过各种形式的品牌活动，提高积极心理健康教育对青年学生的吸引力。

对于大学生积极心理健康教育而言，仅是依靠课堂教学和灌输的方式，是很难对学生的心理有真正的触动的，更别说行为的改变，教育者在教育过程中必须注重实践性，重视学生自己在实践中的感悟和体会，要进一步完善大学生积极心理健康教育实践机制。

第一，利用好大学生积极心理健康教育中心这个平台，完善积极心理健康教育实践机制，在日常工作的开展过程中，保证硬件设施的投入。在拥有硬件设施的前提下，在日常工作过程中，要加大专业硬件设施的使用频率，充分将课堂与实践结合起来，充分应用这些实践方式，增强课堂的趣味性。另外在心理咨询服务中，充分利用各类硬件设施，以期提高大学生心理咨询效果。

第二，充分发挥体育、美育、劳动教育的重要作用，全方位促进大学生积极心理健康发展。习近平总书记指出："要努力构建德智体美劳全面培养的教育体系，形成更高水平的人才培养体系。"高校要严格落实开设体育课和美育课的刚性要求，广泛开展普及性体育运动和丰富的艺术实践活动，同时结合各学段大学生的特点，系统加强劳动教育，吸引学生积极参加各种健康向上的校园文化生活和学生社团活动，切实培养学生热爱生活的心理品质。

二、开展多样校园文化活动

大学校园文化活动丰富多彩，是最有生命力、最有说服力的生动教材，是丰富学生日常生活、增强情绪情感体验、进行大学生积极心理健康教育最常用的形式。校园文化活动能够为学生创设轻松愉悦的环境，是一种人性化的教育氛围，学生通过体验参与，不知不觉中接受活动主题带来的熏陶，让外在的心理健康知识内化成学生价值观、个人素养，提高自身心理素质，进而又外化为良好的行为习惯，同时活动中人际关系的互动也为学生带来身心的愉悦。如今，随着积极心理健康教育的普遍重视，高校不断开展积极心理健康教育相关的有益活动，但受多方面因素影响，活动的开展存在着诸多问题和不足，效果并不理想。为进一步发挥实践活动功效，各高校和有关部门必须合理统筹安排，认真引导与管理。

校园文化活动的主题要紧紧围绕积极心理健康教育，面向全体大学生群体，以心理需要、切身体验为切入点，以校风、学风、班风为引导，形式多样，具有针对性、创新性、可行性，扩大大学生活动选择面，能够得到广大学生的积极响应。因此，校、院两个层级可以根据大学生入学期，毕业论文开题、答辩，就业择业期以及"5.25 心理健康活动月""10.10 世界精神卫生日"等重要时段的心理需求开展心理专题教育讲座。讲座主题如关于压力疏解、情绪自我调节、职业生涯规划和婚恋技能等内容更易受大学生的欢迎。此外，一些趣味沉浸式活动，如心理素质拓展训练、心理知识竞赛、心理剧（小品）表演、沙盘游戏等更能够为学生带来丰富多样的体验和感受。学校还应扩大体育教育力度，提高学生锻炼的意识，鼓励大学生走出实验室，走进操场、体育馆，通过运动的方式，一方面提高身体素质；另一方面舒缓紧张的神经和压力，改变单一的学习生活模式，做到身心合一。同时鼓励大学生发挥专业优势或个人能力，积极参与"下三乡"、科技服务、公益活动、志愿者服务等实践活动，寻找和体现自身价值，提高自我效能感，从而在潜移默化中正确积极地认识和评价自我，培养社会责任感。

三、完善社会活动支持的积极参与

大学生在进入大学校园后，会由于不适应而产生一系列的心理问题，这不单需要学校的支持，社会支持也同样重要。社会交往可以帮助大学生更有效加强与人的沟通和交往，大学生在进行积极的人际交往获得的体验，可以增强大学生进入社会后的适应能力。所以社会的帮助，对大学生积极心理健康的建设也是十分重要的。

学校是社会的一个缩影，积极的人生观是个体心理成长的基础，想要整个社会改变则需要整个社会共同努力。社会上的每一个人都是积极社会信念的树立者和传播者，通过自己的言传身教、身体力行，传播社会正能量，为打造和谐社会贡献出自己的力量。

大学生发展需要一些有效的配套设施，如公益性质的运动馆、音乐馆及艺术馆等。在通过外部设施丰富大学生课余生活的同时，还可以加强软文化的建设，来增强大学生的社会交往能力及心理健康状态。

四、创建积极心理健康教育品牌活动

创建积极心理健康教育品牌活动也是大学生积极心理健康教育的途径之一，各高校要创建属于自己的积极心理健康教育品牌活动。联合各学院共同开展校级和院级积极心理健康教育系列活动，形成具有特色的积极心理健康教育品牌活动。充分利用微信公众号、网络视频、校园媒体等，拓展心理健康教育途径。创建心理健康教育品牌活动可以从以下几个方面开展。

第一，举办大学生心理健康节，在高校心理健康教育机构的统一协调下，每年按时开展心理健康节，以心理健康教育节的形式普及基础知识，加深人们认知，同时可以每一届设置不同的主题，请心理健康教育中心的专职老师提供指导，学生自己策划和参与，主题可以包括青少年心理、认识抑郁症、情绪调节、如何处理与家人关系、如何对待焦虑等，这些主题活动的开展能够为校园文化建设提供更好的推动作用。

第二，举办积极心理健康教育专题讲座和主题沙龙，由高校心理健康教育中心牵头，不定期邀请心理学各领域的专家，设定符合学生现实需要的主题，各学院配合，积极宣传，通过专题讲座加深学生对心理的认知。在讲座开展前，切实了解不同年级学生面临的实际问题，在讲座中帮助学生掌握更多心理调适的方法。如面对即将毕业的学生开展"考研心理辅导""大学生求职心理""压力的调节"等系列专题讲座，帮助学生清晰自我认知，学会情绪调节，帮助学生成长成才。

第三，宿舍、班级作为大学生活中必不可少的两个重要组成部分，应当加强对宿舍、班级积极氛围的营造。高校应该组织开展以宿舍、班级为单位的活动比赛，如趣味运动会，旨在培养宿舍、班级学生的凝聚力；校园安全知识竞赛，旨在让学生在了解安全知识的前提下提升其个人与集体的责任观念；主题微电影比赛，旨在让学生通过团结协作积极宣传社会主旋律。和谐融洽的宿舍、班级环境是大学生学习与生活的润滑剂，有助于提高学生的人际交往能力，进而不断增强对自身责任与他人责任的理解，营造大学生积极心理健康的氛围。首先，大学生应寝室内有意识地进行谈心活动。寝室内应每周举办2~3次非正式谈心活动和一次集体活动，室友间可以通过交流沟通了解彼此的需求和想法。在宿舍环境中，通过交流沟通，与室友共情，构建完整、独立的行为处事准则和处理问题方式，从而坚定自我，保持平和稳定的心理健康状况。其次，大学生在寝室人际互动中应有意识地通过交流沟通化解实际寝室矛盾。英国教育学家赫伯特·斯宾塞（Herbert Spencer）的课程观也重视对成人生活的分析和准备，强调训练的价值，实践本身就是一种学习，大学生应立足解决宿舍人际相处中的实践问题，意识到个人行为会影响到他人生活的公共意识，统合已有学科知识，使之与生活和实践交互迁移，打破原有思维禁锢和刻板印象，提高人际交往和心理调节能力。通过交流和沟通化解室友间冲突，疏解负向情绪，克服地域歧视，改变对家庭经济状况的偏见，消除对自己和室友的不合理认知。再次，大学生应主动建设性回应室友的需求。语言作为最重要的交际工具，具有其他工具不可比拟的作用，大学生在宿舍活动和交往中，应发展自身道德，建立科学的价值观、道德原则和行为规范，发挥交流沟通的作用，使外在道德约束内化为个体心理结构，达到知情意行的协调一致，通过主动地建设性回应合理表达善意，增加助人行为，推动个体智能提升与人格完善，推动个体社会适应调适。最后，开展丰富的集体活动，将集体主义教育与个人教育相结合，通过集体活动影响个人，开展丰富的主题活动，将儒家传统文化中礼貌待人、尊重礼遇的思想向个人传递，推动大学生在叙事活动和情景演绎中顿悟文化价值，领悟为人处世之道，推动完善人格，在集体教育环境和实践中，陶冶和唤醒学生思考人际关系的价值与意义，促使大学生积累人际交往经验，提高解决问题冲突的能力，提升批判精神、自我反思以及容纳他人的能力，不断改组、改造、知行合一，达到自我和谐的状态。在团体辅导过程中，指导学生从多角度看待宿舍人际关系，体验朋辈支持的真、善、美，学会接纳他人与被他人接纳，掌握包容、尊重、真诚、理解以及宽恕等优秀的心理品质，从而学会心理调控技能，有益于稳定自身情绪，缓和寝室人际冲突，主动建设性回应寝室矛盾，促进心理健康良性发展。在劳动教育和集体活动中，大学生领悟个人价值与社会角色，提升文明礼仪修养和伦理道德修养，将个人本位与社会本位相结合，推动大学生塑造积极心理品质，维护积极的心理健康状态。

五、加强自我教育并构建有力支持系统

要充分调动和发挥大学生自我教育的积极性、主动性。大学生的知识层次和水平比专科学生要高，他们的民主参与意识更为突出，自我管理能力也更强，在培育良好的心理品质过程中，更要突出他们的主动性、自觉性、参与性。同时，要从根源上提高大学生群体的积极心理健康水平，最终还是要靠他们自身来把控，毕竟自己才是心理健康的第一负责人。第一，大学生可以通过各种途径查阅学习有关心理学的基本知识、基本理论，掌握一些基本的压力应对与情绪管理方法，如转移法、暗示法、投射法等，能够将这些相关理论和方法运用到自我教育中，减少一些负面情绪对自身的侵扰。第二，走出校园，进行社会交往，积极参加学院、党团组织开展的学术、文体活动来磨砺性格、开阔视野、启迪思维，与志同道合的良师益友多沟通走动，增进情感交流，实现优势互补，提高自己的心理品质。第三，大学生要学会主动寻求帮助。当自己遇到无法解开的心结，而自己又不知该如何处理时，不要钻牛角尖，大学生要主动去寻求外部力量的帮助和支持。一旦得到帮助，解开心理困惑后，他们会对自我有一个重新的认知，促进自我心理教育技巧提高。第四，大学生要有意识地培养兴趣爱好。兴趣爱好往往是其个性倾向的表征，兴趣爱好广泛且专一的人，他们往往可以很好地自我消解烦恼，

使得身心随时保持愉悦状态。自我教育并非易事，需要找到适合自己的方法和技巧，并反复实践—反思—提高。

在进行积极心理健康教育时，仅仅依靠高校的力量是不够的，家庭和社会也应该发挥出应有的作用，构建起由"学校主导、家庭支持和社会服务"的大学生积极心理健康教育共同体，形成学校、家庭、社会三方联动机制。

首先，由于学校教育是由专职人员和专门机构承担的直接作用于受教者的一种有目的、有计划、有组织的社会活动，所以高校在大学生积极心理健康教育中所发挥的作用是不言而喻的。既要从管理、服务、教书、环境方面保障积极心理健康教育的全方位落实，又要与家庭、社会做好对接，形成协同育人平台。

其次，家庭是我们每一个人从出生到成长重要的生活空间和文化环境，父母的为人处事方式、谈吐举止、教育方式、家庭成员之间关系和睦与否、家庭对事物以及他人的看法、态度甚至经济状况等，都会对学生的心理和言行产生直接影响。同时，家庭以天然的优势在大学生的心理支持中发挥着独特作用，如果在遇到心理困惑或心理问题时，他们可以从家庭成员如父母、兄弟姊妹、配偶等那里第一时间获得强有力的心理支持和精神慰藉，就能有效阻止心理恶化。因此，大学生积极心理健康教育工作的开展需要家庭的积极配合。2021年，十三届全国人民代表大会常务委员会第三十一次会议通过的《中华人民共和国家庭教育促进法》，对父母或其他监护人开展家庭教育提出了内容指引。对此，父母或其他监护人应当树立家庭是第一个课堂、家长是第一任老师的责任意识，注重家庭建设，增加家庭亲密度，学会改变育人观念，重视身教，以正确的理想信念、价值观念去感染学生，营造良好的家庭环境，促进学生的成长和成材。另外，家长也应该经常与老师保持沟通和交流，及时了解学生的在校情况，积极关注当前社会中有关心理健康的热点问题，不断完善自身的知识结构，提高心理健康教育意识，为大学生提供良好的心理基础和强大的心理支持。

最后，社会在大学生心理成长中的作用不容小觑。大学生的心理健康状况受社会大环境的影响较大，他们比较多的关注社会问题，思考自己的前途未来，希冀于发挥自己所学的知识为国家为社会效力，实现自身价值。因此，首先，国家应不断建立完善的市场机制，加大高层次人才引进支持力度，拓宽就业渠道，多途径开展招聘信息等，为大学生群体提供一个公平的就业环境。此外，大众媒体要注重正确的舆论导向，对一些有关大学生群体的新闻进行客观公正的报道，让人们对他们有一个正确的认识，为大学生创造一个正确、宽松的心理环境。其次，还可以利用社会心理援助专业机构、社会工作服务机构、志愿服务组织和心理援助热线等，为大学生提供心理咨询、辅导等服务，借助网络、电视、广播、报刊等媒介助力宣传科普心理健康知识。最后，社会各领域应为大学生提供学以致用的实践锻炼机会，帮助大学生走出校门，走进社区，利用所学知识服务社会，使大学生在实践中磨砺心智。

第三节 加强大学生积极心理健康教育宣传

一、广泛宣传积极心理健康教育价值理念

大学生积极心理健康教育强调面向全体大学生，并秉承引导学生的"积极性""主动性""发展性"的价值理念。首先，从管理层构建积极心理健康教育的教学制度。其次，把积极心理健康教育理念逐步落实到教育活动中。如通过海报宣传、广播、视频课堂、微课堂、学生社团活动宣传等途径促进校园积极心理健康教育文化建设，开展积极心理健康教育专题讲座。在推动健康教育活动过程中，要增强各个环节的积极心理健康教育组织环境效应，让积极心理健康教育的核心价值理念深入人心。

二、重视高校历史文化的宣传

学校历史文化内涵丰富，主要包括校史、校训、校歌、校风等方面的正向文化。学校历史文化的宣传既是大学生学习学校前进发展的历史过程，了解先辈为学校繁荣兴盛的责任与担当，同时更要在学习中思考个人责任、他人责任与集体责任的真谛。高校应充分利用全媒体时代信息传播广泛、迅速的特点，加强对校园历史、校园文化的宣传。以线上线下相结合、全校师生相呼应的方式，线上利用微信、微博、抖音、学校官网等权威媒体平台；线下利用校园广播站开设校园文化、历史、责任等相关栏目，在各学院、党团支部、学生会、社团等组织下开

展各种与校园文化相关联的活动，以此来让全校老师、学生亲身参与到校园历史文化的学习与宣传中来，为老师、学生群体普及校园历史文化知识，增强对高校的情感认同，引导大学生充分了解自身责任、他人责任与集体责任的真正含义，提高大学生社会责任感，从而可以帮助提高大学生心理健康水平。

三、加强宣传普及辅助作用

积极心理健康教育宣传工作是高校心理健康教育的重要组成部分，是宣传心理健康知识的重要途径。为更好地发挥宣传普及辅助的作用，作为学校心理健康教育中心工作人员，应该积极负担起心理健康教育宣传工作，通过举办积极心理健康教育相关活动，传播心理健康知识，提高学生心理保健能力，宣传活动可以从以下几个方面展开。

第一，拓展传播渠道，充分利用各种传播形式，利用广播、电视、电影等多种途径，开展宣传活动。例如，定期举办心理主题优秀作品巡展，展出优秀心理电影和优秀心理电视剧，让学生在观看优秀剧目的同时学习到积极心理健康知识，利用凸显心理健康知识的公益广告的形式，宣传有益的心理健康知识。

第二，创新宣传方式，新时代积极心理健康教育要利用好网络这个平台，各高校结合本校办学特色建设心理健康教育网站或新媒体平台。例如，以"心灵栖息地"为主题的微信公众号，定期在微信公众号分享心理知识，发布每周咨询安排，使学生可以便捷预约咨询等。此外，还可以通过官方微博号便捷地与学生互动，了解大家对心理健康活动的期待，发布心理美文等进一步传播积极心理健康知识。

第三，充分发挥学生的作用，扩大学生社团在学生中的影响，发挥朋辈作用，使积极心理健康教育活动能够更方便、更好地开展。

四、基于社交媒体开展宣传教育

在互联网不断发展、社交媒体日益盛行的当下，大学生的心理健康问题也面临着挑战。高校如何利用好社交媒体，适应大学生获取信息的网际需求，开展积极心理健康宣传教育，是当前我们必须重视的课题。

要发挥学校在社交媒体建设方面的主力军作用。学校是一种特殊的社会组织，是有目的、有计划、有组织地向受教育者传授文化知识、劳动技能、价值观念、政治观点、社会规范，以培养合格社会公民的机构。作为系统的开展教育活动的组织机构，学校教育是由专职人员和专门机构承担的，以促进受教育者的身心发展为直接目标的社会活动。基于社交媒体开展心理健康宣传教育工作，必须发挥学校在社交媒体建设方面的主力军作用。

由于心理健康问题的私密性，很多学生都认为这是一个比较敏感的话题，平时不愿意面对这个问题。因此学校要给予心理健康教育正确的定位，通过构建教育活动与相关学科教学相结合、课上教育与课外实践活动相结合、经常性宣传教育与集中式宣传教育相结合的教育模式，让学生在潜移默化中了解积极心理健康教育的地位，形成正确的认知。在此基础上，学校利用社交媒体向大学生宣传有关心理健康方面的基础知识，使他们认识到积极心理健康对于个人成长和发展的重要功能，初步掌握自我调适的一些基本方法和技巧，提高大学生对积极心理健康问题的关注度。要让大一学生了解大学生活、处理好室友关系的知识；对于临近毕业的学生，要侧重于就业压力的缓解、人生道路的选择辅导；对于特殊家庭的学生，需要投入更多的时间与精力，关注他们心理健康的发展与走向。对于宣传的内容，不要仅仅依靠静态的文字和图片，还要配合动态的视频、动画等方式，吸引学生的注意力，提高关注度。宣传手段以 QQ 群、微信群为基本，以心理健康教育网站为依托，开发心理健康微信公众号，设置相关专栏，丰富宣传手段。同时也要以校园网站为载体，开辟一批立足于学生实际、满足教师需求的专栏，打造一批由师生组成的网络心理健康教育宣传队伍；学校紧跟潮流，开通校务微博、微信公众号，打造示范性思想理论教育资源网站、学生主题教育网站和网络互动社区。

通过社交媒体开展心理健康教育宣传工作，可以满足学生对心理健康基础知识的需要，获得常见心理问题的自我调节技能等。但是我们也应该看到，社交媒体是把"双刃剑"，既可能对学生产生积极影响，也可能带来负面作用。网络呈现给学生海量的资讯、夺目的画面、别样的情境，并最大限度地调动积极性、主动性，激发想象力、创造力，满足求知欲等，所有的这些使得社交媒体对大学生有着难以阻挡的诱惑，相应的大学生也会对社交媒体产生迷恋和依赖。学校在利用社交媒体开展积极心理健康宣传教育工作时，应该采取有效的措施，趋利避害。

第一，线上线下都要加强对大学生自控意识和自控能力的训练、培养，循循善诱，防止消极现象的出现。为了引导大学生文明、理性上网，网络素养教育的开展必不可少。借助学校社团、学生会等组织，广泛开展学生网络文明志愿者行动，积极动员学生成为网络文明志愿者，监督和遏止网上各种违法和不良信息传播，为构建清朗的学校网络空间作出贡献。第二，加强对线上积极心理健康宣传教育工作的治理，加强校园网络文化安全管理，营造风清气正的网络环境。网上的宣传要始终牢牢把握正面宣传的主线，增亮网络正能量的底色。作为工作人员要提升网络舆情分析和引导能力，及时澄清和消除网络谣言和不可靠信息，引导大学生形成正确认知。第三，加强校园网络正能量文化的引导与传播，建设融科学性、思想性、服务性于一体的校园网站。既要把互联网作为开展大学生积极心理健康宣传教育的重要阵地，同时又要注意强化网上思想引领。

日常的心理健康宣传活动可以以线上宣传为主，充分发挥心理健康教育网站、QQ、微信公众号等的作用，开辟多种专栏，还可以与一些心理健康教育网站建立链接，为学生提供全面系统的积极心理健康教育知识。另外，在新生入学、毕业季等心理问题高发时期或者大型的心理健康宣传月，可以配合心理健康宣传卡片、校报、问答手册、校园广播以及标语、横幅、心理健康知识竞赛、征文等线下活动，发挥线上线下的宣传作用。

为了更好地发挥社交媒体在开展心理健康宣传教育方面的作用，我们在注重线上宣传的同时，必须重视线下的反馈工作。做好线下的反馈工作，首先要培养一批专业的从业人员。要有针对性地对从业人员进行相关培训，提高心理咨询工作人员的素质。思想政治教育工作人员，需要认真学习心理学方面的知识，对于其他领域的工作人员，要加强思想政治教育方面的培训，形成一支专职为主、专兼结合、数量充足、素质优良的工作力量。另外要从学校的实际出发，以领导联系教师，教师联络学生为主线，坚持民主平等的原则，在平等沟通、民主讨论、互动交流中进行思想引导，有的放矢、生动活泼地开展心理健康宣传工作。

对于学生在线上的咨询、测试、提问等，线下工作人员应该根据所反映的问题，如学生对于某一问题的关注度、对某一种宣传方式的倾向性等，及时整合宣传内容、创新宣传方式。而且由于线上宣传面临双方背景信息缺失、网络操作问题以及各种不可控问题的出现，这时候就需要充分发挥线下宣传的配合作用。对于一些基本的心理健康知识的宣传，常见心理问题的解决方案，通过 QQ 群、微信以及公众号推送文章即可，做好线上宣传；但是对于学生抑郁、自杀倾向等比较棘手的问题，还是要充分发挥线下的配合作用。线上线下的结合，对症下药，才能提高效率。

第六章 开展大学生积极心理健康辅导

本章分为大学生心理健康辅导的意义和策略、大学生积极团体辅导的开展、大学生积极心理咨询的开展三部分。主要包括推进大学生心理健康辅导的必要性、推进大学生心理健康辅导的措施、积极团体辅导的内涵、大学生积极团体辅导的具体应用、积极心理咨询的内涵等内容。

第一节 大学生心理健康辅导的意义和策略

一、推进大学生心理健康辅导的必要性

（一）新时代新的奋斗目标对大学生全面发展有更高要求

在党的十九大报告中，习近平总书记指出："坚持和发展中国特色社会主义，总任务是实现社会主义现代化和中华民族伟大复兴，在全面建成小康社会的基础上，分两步走在 21 世纪中叶建成富强民主文明和谐美丽的社会主义现代化强国。"[①]2021 年，习近平总书记在庆祝中国共产党成立 100 周年大会上代表党和人民庄严宣告："经过全党全国各族人民持续奋斗，我们实现了第一个百年奋斗目标，在中华大地上全面建成了小康社会，历史性地解决了绝对贫困问题，正在意气风发向着全面建设社会主义现代化强国的第二个百年奋斗目标迈进。"[②] 这就进一步把建成社会主义现代化强国，实现中华民族伟大复兴，确立为党在新时代的奋斗目标和总任务。这就告诉全党和全国人民，在今后一个历史时期，我们党就

---

① 习近平.决胜全面建成小康社会夺取新时代中国特色社会主义伟大胜利 [M].北京：人民出版社，2017.
② 范晓伟.大国小康 中国共产党人的追求 [M].北京：人民东方出版传媒有限公司，2021.

是要为坚持和发展中国特色社会主义，实现社会主义现代化，实现中华民族伟大复兴而奋斗。习近平总书记对新时代的中国青年寄予厚望，殷切期盼青年人将自己的人生奋斗目标融于实现中华民族伟大复兴的中国梦之中。

（二）新时代的主要矛盾变化要求高校心理育人与时俱进

新时代与以往时代不同，现阶段我们处在两个一百年的历史交汇期，处于实现中华民族伟大复兴的关键期，面对着"我国社会主要矛盾已经转化为人民日益增长的美好生活需要和不平衡不充分的发展之间的矛盾"的新矛盾。当今社会，大学生对社会发展的关切程度较之前有很大提升，社会主要矛盾的变化会使得大学生可以更加准确地认识到国家的变化。一定要从新时代大学生的需要、需求出发，对新时代大学生的需要、需求进行全面的分析。新时代的大学生，可以说是在物质条件优越的环境下长大的。因此，新时代大学生的需求不再满足于物质层面，他们在精神层面的需要更加凸显，新时代大学生精神需求的内容逐渐演化为价值体验、审美感悟、人际交往、情感交流、娱乐文化等，且表现出纵横交错的多层次性主体趋向，成为集诸多元素于一身的矛盾共同体。这就要求高校开展心理育人工作需要做到与时俱进，需要准确了解和把握新时代大学生日益增长的对美好大学生活的需要，我们要充分了解和分析新时代大学生多样化的需求，用发展的眼光和包容的胸怀来对待和接纳学生对于美好大学生活的需要，不仅要从学生的长远发展需要出发，还要关注他们当下对美好大学生活的需求，既要着眼于他们专业发展的需求，更要重视他们全面发展的需求。新时代高校心理健康辅导的开展要与时代发展与大学生的需求同频共振，为大学生的全面发展提供良好的支撑保障，切实提升学生的获得感和幸福感。

（三）新时代开启新的征程对高校心理育人提出更高期望

我国进入新时代，开启新征程，站在这样一个全新的历史节点上，势必对高校心理健康辅导的工作有更高期望。习近平总书记一再强调要坚持把立德树人作为教育事业的根本任务[①]。高校要实现立德树人的目标，要以大学生的身心健康发

---

① 张烁.把思想政治工作贯穿教育教学全过程开创我国高等教育事业发展局面[N].人民日报，2016-12-09（001）.

展作为重要基础，心理健康辅导坚持"育心与育德相结合"的价值取向，以"着力培育师生理性平和、积极向上的健康心态，促进师生心理健康素质与思想道德素质、科学文化素质协调发展"作为目标，在促进大学生全面发展进而实现立德树人的过程中的作用不可忽视。作为新时代实现教育事业立德树人目标的重要一环，迫切需要高校在实际的心理育人工作中改变传统重"矫治"轻"发展"的育人模式，主动对大学生生活幸福以及全面发展进行关照，鼓励大学生在实践中进行自我教育和自我价值的创造，坚定大学生的理想信念，引导他们树立正确的世界观、人生观、价值观以及为国为民的责任担当意识，以更好地顺应时代和社会发展的要求，成为新时代的追梦者和圆梦人。

（四）新时代所处国际环境为高校心理育人带来严峻挑战

当下我国正处于重要的历史交汇期，世界正处于百年未有之大变局。国际关系呈现出深刻性、不确定性以及复杂性的特点，世界战略格局与周边地缘环境正处于重要的调整期。日益复杂的国际环境同样给高校心理育人工作带来了更为严峻的挑战。

首先，世界百年未有之大变局意味着更大的不确定性，更容易给大学生带来心理迷茫，这种迷茫不仅包括对世界发生巨变的迷茫，更包括面对这样的巨变如何承担自己的责任、走向未来的迷茫。改变和摆脱这些迷茫要求新时代的大学生能够客观认识到国家取得的发展成就，更需要高校心理健康辅导工作肩负起使学生牢固树立民族自信心和自豪感的重要使命。只有增强民族自信心和自豪感，大学生才能在纷繁复杂的世界潮流中坚定意志，更好地在未来成长成才，为国家富强和民族复兴贡献力量。

其次，处于重要的历史交汇期和世界百年未有之大变局的现实情况对高校心理健康辅导的具体内容以及工作层次提出了更高要求。面对世界百年未有之大变局，我们党和政府始终"不忘初心"，积极构建人类命运共同体。更需要大学生积极承担起时代责任，要求培养大学生具有平等、尊重的世界眼光，祸福与共、兼济天下的人类情怀以及与时俱进的进步思想。

最后，在国际环境中，我国社会主义意识形态网络话语权建设尚且有待加强，西方各种社会思潮给大学生的价值观念等带来的影响越来越大，更容易导致大学生的思想意识受到冲击，出现心理问题乃至于信仰危机。在这样的形势下，更需要高校心理健康辅导发挥对学生的引导作用，通过育心与育德相结合，不仅解决学生的心理问题和心理困惑，也应该引导他们学会用辩证的观念看待各种社会现象和社会问题，树立共产主义远大理想和中国特色社会主义共同理想，增强"四个自信"，坚定理想信念，提高思想道德修养，自觉抵制各种错误思潮的影响，肩负起民族复兴的时代重任。

二、推进大学生心理健康辅导的意义

（一）有利于高素质人才的培养

高等教育作为最高层次的国民教育，它是一个国家教育发展水平与潜能的集中体现，肩负着培养社会所需的各类人才、传承发扬优秀中外文化、整合校内外资源进行科学和技术研究、服务社会发展以及加强国内国际合作交流等重大使命，其中人才培养是高等教育质的规定性，是它存在和发展的根本任务，更是一个国家发展强有力的物质和精神资源。心理健康辅导以学校作为主阵地，在培养人才时不仅要有知识水平的培养方案和目标，更要去主动关注大学生心理健康发展的状况与水平，纳入教育培养目标和教学任务当中，作为人才培养工作的重要指标来抓，坚持科研和自身心理素质两手抓，两手都要硬，实现真正的全面发展，努力建设和培养一批高素质的大学生队伍，只有这样才能培养出真正的强国人才，让他们为国家繁荣、社会发展发挥出自己的最大价值。

（二）有利于促进学生身心健康成长

按照我国目前的学校教育制度，大学生平均年龄为 17.25 岁，经过多年的学习和耳濡目染的熏陶，思想、心理、自我认知都处于趋于成熟的过程，因此，复杂多变的社会环境和自身内部矛盾的共同作用容易使他们产生不同程度的不稳定情绪情感，表现出未定型的特点。部分大学生由于自我效能感低、学习压力大、自身家庭经济条件有限、就业前景不乐观等现实问题引发自卑、抑郁、焦虑、强迫等心理问题，这种心理问题长时间得不到解决的话，还会逐渐演变为思想观念问题。因此，心理健康辅导的实施是尤为必要的。

首先，加强心理健康辅导，有助于大学生正确认知自我，塑造健全人格。心理健康辅导能够使大学生正确认识和评价自我，提高自我管理和自我教育，不断改善和悦纳自我，尤其在面对不良状况、消极心理、负面情绪时，学会调控情绪、理性分析问题、认真反思自我、提高心理承受能力、增强意志力、完善个性品质、挖掘和发挥各自潜能、提高自信心，进而健康成长。

其次，加强心理健康辅导，有助于大学生坚定理想信念，主动担当克难。心理健康辅导与理想信念教育是相辅相成的，心理健康辅导可以引导大学生树立远大的理想，用崇高的理想信念武装头脑，用科学的方法指导行为，正确认识社会发展规律，认识国家的前途命运，认识自己的使命担当，从而在面对未来各种风险挑战时，坚定自信，拥有顽强意志，以向上有为的态度积极应对，成为德、智、体、美、劳全面发展的中国特色社会主义的合格建设者和可靠接班人。

最后，加强心理健康辅导，有助于大学生提升交往能力，构建和谐关系。和谐人际关系是心理健康发展的重要条件，心理健康辅导有助于大学生群体有计划的从容地面对学业、生活及未来的工作压力，秉持严谨求学的态度，与老师、同学、朋友等沟通配合，提高专业水平和创新能力，顺利完成学业，在不断学习、提高自身能力基础上，积极择业就业，服务社会。

三、推进大学生心理健康辅导的策略

（一）利用现代信息技术手段

先进的现代信息技术手段是实施"处方式"心理健康教育模式的有力支撑。"处方式"心理健康辅导有明显的个性特征，涉及大学生团体中每个学生的具体心理需要，必然会产生大量繁杂的数据和事务。仅依靠人工处理是难以应对的，现代信息技术就成了提高"处方式"心理健康教育的重要保障。现代信息技术在心理健康教育领域的应用，主要包括以下三个方面。

一是大数据技术。大学生在参与心理健康教育辅导的过程中会留下较多的数据，教师可以借助大数据技术对这些数据进行挖掘、分析，为"处方式"心理健康教育提供重要的借鉴与参考。

二是教育信息技术。高校可以利用建设智慧型校园的良好契机，构建心理健康辅导平台，为师生之间的心理健康辅导搭建立体化平台。

三是社交 APP。教师可以借助微信、QQ 等社交 APP 与学生进行沟通与交流，此交流方式可以保证心理健康辅导的即时性，同时也能最大限度地确保心理健康辅导的私密性。

（二）运用心理健康教育的技术与方法

对大学生进行心理健康辅导要运用一定的技术与方法。高校根据学校学生的心理特点，创设心理健康教育情境。

首先，可以运用认知法。主要是通过阅读会、故事会、看电影、欣赏音乐等形式，调动学生的感知、想象、思维、记忆等心理状态。

其次，可以多用游戏法。竞争性游戏可以培养学生参与团体活动的积极性，增强学生的团队合作精神与竞争意识；非竞争性游戏可以缓解学生的一些不良心理，帮助学生认知自我，获得新体验。

再次，要注重交流法和讨论法的运用。可以通过团体讨论、主题辩论、行动方案研讨等，促进学生之间的交流、师生之间的交流，引发学生积极思考，使学生的认知得到逐步提高。

最后，还可以运用角色扮演法、行为改变法、实践操作法等，增强学生的角色体验感和认同感，从而帮助学生调整态度以及行为方式方法，使之能够建立良好的观念和行为。

（三）营造以朋辈心理辅导为核心的氛围

一方面，高校需要构建良好的校园人文与自然环境，用以支撑朋辈心理辅导与心理健康辅导所需的团结奋进、积极向上的文化氛围，该氛围既有助于培养大学生养成自我教育的习惯，也有助于促进非专业心理辅导人员开展相应的心理辅导工作。

另一方面，高校需要进一步建设优质的基础设施，为举办朋辈相关心理教育活动提供相应的物质支撑，只有通过这样的方式，才能确保朋辈相关心理教育活动能够稳定开展并持续运营。

第二节　大学生积极团体辅导的开展

一、积极团体辅导的内涵

（一）积极团体辅导下相关概念

1. 团体

团体辅导是在团体的基础上进行的，否则收效甚微。对于团体（group）的概念，不同学者对其理解不同，德国心理学家库尔特·勒温(Kurt Lewin)在其团体动力学的理论基础上认为，通过一定的活动，在成员互动的基础上才能产生团体[①]。也有一些心理学者认为，团体是包含一定数目成员的组织，在该组织中，团体成员在一定目标引导下，通过相互作用满足成员心理需求。

由此可见，团体不仅仅是包含一定数量个体的组合，而是在含有一定数量成员的基础上，由相应的团体目标为指引，成员通过人际互动实现目标计划的有机群体。

2. 团体辅导

团体辅导最早以集体心理治疗为主要形式出现，而最先采用这一治疗方式的是美国有名的内科医师——普拉特(J. H. Pratt)。他在 1905 年出于治疗当地肺病患者的目的，免得病人被社会所鄙视和唾弃，便把病人组织起来，形成一个集体。而后，他以每周至少一次的频率，给他们讲解相关的医学常识与治疗方式，还定期让患者进行交流和沟通，分享各自对于疾病的观点、如何进行心理与情绪平衡等方法。他对每一名患者的想法都十分尊重，且都抱着积极的态度，鼓励患者参与到集体的交流当中去，让患者互相鼓励，让患者集体形成正面的作用，帮助患者得到正面的反馈，从而让患者获取直面肺病的精神力量。在经过几个疗程的集体治疗之后，他惊喜地发现很多患者不论是生理还是心理，他们的健康状态都有了很大的改善，甚至出现了康复病例。从此之后，西方许多专家都对普拉特的成功经验进行了参考与借鉴，且获得了良好实验效果。伴随着第二次世界大战的结束，战争的阴影让很多亲历者都有了心理问题，但是那时在心理疾病与精神病领

---

① 孙君明. 现代行政管理 组织与创新 [M]. 上海：上海社会科学院出版社，2005.

域所流行的都是个体治疗，且这方面的专家并不多。因为患者群体具有广泛性，心理学家借鉴了集体治疗的方式，并进行了逐步完善，直到今天形成了广为人知的团体心理辅导流程。

和个体治疗比起来，团体辅导在治疗很多心理问题上，例如，压力、抑郁、自我否定等，虽然效果比较接近，然而在达到同样的治疗效果的情况下，团体辅导却能够花费更少的时间，这就是团体辅导的优越性所在。站在社会学的立场上，每一个个体都是社会群体的一分子，人类的生存无法超脱于社会环境。人们在现实生活里面，几乎每时每刻都生活在集体的影响之下。一般说来，人们将所追求的目的相同、利益一致，且相互之间存在着关系、互动、有共同语言、人数在两个以上的人群称为团体。所以，团体的成立需要有几大成因：人数大于或等于两人，单一个体无法称之为团体；有共同的追求和目的；各个成员间有互动，有交流。团体心理辅导作为心理咨询的常见手段，是运用特定的团体情景、通过团体所产生的动力，来对心理咨询与治疗形成正面作用。团体的成员在互动与交流当中得到正面反馈，让团体成员实现正向的自我认知、发展、实现与转变。

团体心理辅导就是：拥有一名指引者，由类似心理问题的咨询者所组成的团体，采用的心理咨询手段是团体式的一种辅导方式。此外，在进行团体辅导的时候，团体成员会在相互的互动与交流当中得到正面的反馈，最后达到正向自我发展与自我转变，并达到自我价值的实现；团体成员在互动当中，和别人建立友好联系与交往；获取全新的心理咨询体验，转变团体成员的行为、交往态度、精神面貌；寻找更为科学严谨的干预方法，促使人际信任水平的提升。

3. 积极团体辅导

积极团体辅导是指运用积极心理治疗的理念和技术，通过团体内人际交互作用，促使成员在温暖、安全、尊重的团体氛围下，培养积极情绪、积极认知、积极人格品质，提升其主观幸福感、快乐、乐观、智慧、心理体验、创造力、生命意义等积极品质。

（二）积极团体辅导的功能

积极团体辅导按照不同的标准可以划分为不同类型，但是所有的团体辅导，其功能均包含四个层次：教育、预防、发展、矫治。积极团体辅导在学校心理咨询中运用比较广泛，学校中的积极团体辅导以教育、预防与发展为主，其主要目的是普及心理健康知识，使团体成员通过活动参与和相互交流分享认识、探索从而接纳自我，发掘自我潜能，增强面对压力与困境的勇气与自信，提升适应能力。

1. 教育功能

参与同一个积极团体辅导的成员通常有着共同的心理需求，例如，人际关系问题、焦虑、适应性问题等等。此时，团体领导人（Leader）的主要任务就是帮助成员学会如何应对生活与学习工作中的压力、问题以及产生新的正向性行为等。同时，成员之间相互学习、分享自己的经验感受。总之，大多数团体成员在活动过程中能学习到新的态度及行为。可见，团体辅导对团体成员确实具有教育作用。

2. 预防功能

参与积极团体辅导，是预防心理问题发生与发展的最佳选择。通过积极团体辅导，个体对心理问题有了进一步的了解，能正确认识自己的问题。有些个体会夸大自己的情况，例如，将拖延看成是自己抑郁的表现，将人际交往中的紧张认为是自己焦虑症的发作。让成员在互动和交流的过程中启发可能遇到的心理问题以及相应的最佳解决策略，提升个体解决心理问题的能力，较好地预防心理问题的发生。除此之外，在团辅过程中，领导人能发现需要深入进行心理辅导干预的个体，尽早进行干预活动，以防止心理问题恶化。并且，个体通过积极团体辅导进一步了解心理辅导，对于心理辅导在心理上有了积极的准备，一旦他们出现心理偏差，会第一时间寻求专业帮助。这些均能对个体心理问题的发生与恶化起到预防作用。

3. 发展功能

通常，人们在发展的过程中会遇到一些问题，这些问题正是个体发展过程中的阻碍，包括人际交往中的焦虑问题、学习适应性问题、职场压力问题等，通过积极团体辅导，个体学会解决问题、调适心理的方法，学习新的行为及观点态度，启发个体的思维，助力个体发展。总之，积极团体辅导不仅能纠正个体行为偏差，还能促进个体发展，培养健全人格。可以说积极团体辅导活动最主要的功能是帮助身心健康的个体实现自我发展。

4. 矫治功能

心理治疗学家强调人际互动，认为团体情景与个体日常生活情境类似，在人际互动的环境下治疗个体心理与行为，对于帮助个体恢复社会功能，有着事半功倍的效果。虽然学校积极团体辅导不以矫治为主要功能，但是部分学生受到适应不良、情绪问题的困扰，他们在进行积极团体辅导后，心理困惑得到了一定的解决，这一现象说明积极团辅不仅具有预防作用，还起到了矫治作用，既能促进个体发展，还有矫治心理偏差的作用。

（三）积极团体辅导的理论基础

积极团体辅导的有序有效进行需要成熟可靠的理论支持，常见的理论有团体动力学理论、人本主义理论、人际关系理论和社会学习理论等。

1. 团体动力学理论

团体动力学理论侧重研究团体的建立以及融合，以及团体成员之间的关系对团体发展的影响。20 世纪 30 年代，美国心理学家勒温以"场"学说为基础提出了团体动力学理论，即用"场"特质来解释人的内心状况和他实施的行为，将之归结于人与团体环境交互作用。他认为个体的行为变化是由个体本身的特点和环境的相互作用的结果。他还总结出著名的个人与环境之间的关系公式：$B=f(PE)$，B 是行为，P 是个人，E 是环境，f 是函数，将"场论"运用于团体辅导，需要个体积极投入到团体的建设中，而领导者也需要营造一个好的团体环境，在团体中形成一个"能量场"，让个体能够找到安全感和归属感[①]。

勒温的研究特别关注团体对人的实际行为的干预，团体成员间能够互相影响与扶持。团体动力学所涵盖的内容主要涉及两方面，即团体气氛与团体凝聚力。在 20 世纪 30 年代，勒温在与美国心理学家罗纳德·利皮特（Ronald Lippitt）所进行的共同研究下，将团体以体制形式划分成民主团体和专制团体两种情况，并对两者所产生的团体气氛作出研究和比较，并最终发现两支团体所蕴含的团体气氛具有显著的差异性。而针对团体凝聚力进行相关研究后得出，当团体具备较好的团体凝聚力时，那么团体对于其内部成员的吸引力就会加强，进而在比较中发现，当团体凝聚力强时，团体中成员对于团体的满意度也将持续递增，两者间存在正比例关系；而对于团体凝聚力而言，它不仅是团体中极为稳固的社会心理特征形式，更是促进团体高效生存与发展的关键所在。由此，勒温认为当团体渗透

---

① 马欣川 . 现代心理学理论流派 [M]. 上海：华东师范大学出版社 ,2003.

出浓烈的整体气氛和凝聚力时，便会以强大的集合能量对个体的心理乃至身体行动实现支配①。因此，若想使个体发生改变，就应该从个体所属的团体入手，这会比生硬地对个体采取措施更加容易。

团体动力学理论理清了积极团体心理辅导中个人与团体之间的联系，也成了积极团体心理辅导的重要理论支柱之一。

2. 人本主义理论

人本主义认为心理学应该关注人的价值和发展，可以被看作是早期的积极心理学，其代表人物有美国著名心理学家卡尔·罗杰斯、亚伯拉罕·马斯洛等。人本主义在积极团体辅导中的指导意义主要是每个人都是自我实现的个体，都有自我发现的倾向和追求。领导者要营造良好的、信任的、真诚的团体氛围，对成员表示真诚、无条件的积极关注，促进成员发挥自我的潜力，从而实现自我。

3. 人际关系理论

人际交往是人们利用语言或符号进行交换观点、表达情感和沟通交流的过程。该理论代表人物是美国著名管理学家乔治·埃尔顿·梅奥（George Elton Mayo），他提出了著名的"霍桑效应"，就是当人们在意识到自己被其他人关注时，会刻意去改变自己的一些行为或言语表达的现象②。人际沟通是人们适应新环境、结交新朋友的必要条件，特点是在沟通过程中双方都互为主体，有一套一致或相近的沟通符号系统，在人际沟通中能调节双方之间的关系，并且在沟通中可能会出现社会性、心理性、文化性的障碍。

（1）人际相互作用分析（PAC）理论

人际相互作用分析理论是美国精神科研究学家艾瑞克·柏恩（Eric Berne）在20世纪60年代提出的心理治疗理论，又称为人格结构分析理论、人际关系心理分析。主要由结构分析——分析个体的人格组成、交往分析——分析个人与他人的交往方式、游戏分析——分析人际交往中的心理游戏、脚本分析——分析人们潜意识中的生活脚本这四部分组成。

该理论中将人分为三种状态，分别为家长自我状态、成人自我状态及儿童自我状态，柏恩认为家长自我状态、成人自我状态和儿童自我状态不像超我、自我

---

① 潘莉莉. 大学生团体辅导的理论与实践 [M]. 合肥：合肥工业大学出版社，2018.
② ［美］基尼齐. 认识管理 管什么和怎么管的艺术 [M]. 北京：世界图书北京出版公司，2013.

和本我这样的概念，而是现象学中的真实存在。这三种状态是个体会同时拥有的，并不会随着年龄和社会角色的变化而在个体身上消失[①]。许多研究学者认为该理论可以给予我们一种对人际交往模式实施分析的思路，该理论也逐步被传播作为一种协助人们更加细致地理解自己、理解他人、理解人和人之间关系的人际交往分析工具，因此该理论被积极应用于积极团体心理辅导之中，用来推进团体内成员间的交流互动。由于家长、成人、儿童的英文首字母为PAC，"PAC理论"因此而得名。以PAC理论为纲要的团体咨询以及治疗群体在国外已取得了良好的效果，这同时给予了我们诸多可吸收的宝贵经验和参考案例，有益于保障积极团体心理辅导的有效性。

（2）人际沟通理论

人与人交往的前提条件是人与人之间的良好沟通，个体之间采取语言或者非语言的形式交流意见、想法和表达感情、需要的过程被称为人际沟通。人际沟通具有较为鲜明的特点：交流的双方都是作为主体而存在的，双方之间都有相同或相似的符号体系，双方的关系是通过交流来调节的；在双方的交流中，各种障碍都会显现出来。就某种程度上而言，积极团体心理辅导的过程在本质上即是处于团体之中的个体间的互相沟通交流。这其中涉及多种需要形式，例如，包容需要、支配需要以及情感需要等。这些需要形式，对于个体在积极团体心理辅导中的人际沟通，起到决定性作用。

其中，包容需要，是指在个体与团体中其他个体进行接触与交流，并需融入至团体之中时，与其他个体之间所维系出的一种达到相互满意程度的需要；支配需要，即是个体通过权力关系，与其他个体之间所形成的一种维系满意度需要；而情感需要，则是个体受到或接受其他个体爱的需要，是个体在人际交往环节上，构建并维系与其他个体情感联系的需要。

积极团体心理辅导将人际沟通理论作为重要的理论基础之一，对于强化团体内的沟通效果、建构良好的人际关系以及减少交往障碍等心理问题出现的概率，起到了无可替代的保障作用，并且为积极团体辅导者指明了清晰的辅导思路。

4.社会学习理论

社会学习理论是由美国社会心理学家阿尔伯特·班杜拉（Albert Bandura）所

---

① 汪雪兴.管理心理学[M].上海：上海交通大学出版社，2001.

创建，他在长期的研究后认为个人所作出的种种行为，其决定因素在于人与环境之间所形成的交互作用，而并非人所具有的各种思想动机、行为本能和特质[①]。这一观点也表明人所作出的各种行为，主要是由内在因素与外在因素建所形成的交互作用而生成的，而内在因素与外在因素之间，也存在着相互影响的作用。通过社会学习理论这一观点可知，人所作出的大部分社会行为，均是在对其他个体作出观察与模仿后所形成的。此种对社会行为的观察与模仿，即是一种学习方式。社会学习理论的研究成果给缓解团体心理辅导过程中成员的不适反应理清了有效的解决思路。社会学习理论提出个体通过观察和模仿他人的行为，在现存行为的根基之上获取更加完善的行为样式，人们日常生活工作中的诸多行为与观察学习有着密不可分的联系。

总的来说，此理论强调在人的行为形成中，观察学习起到了十分重要的作用。同时该理论还非常重视榜样对人的作用，人们总是在观察他人的行为模式，特别是优秀的、具有榜样作用的行为，对个体行为的形成是有更大的影响力；其次还强调自我调节的作用，树立自信心。积极团体辅导的作用是要让成员在团体中相互学习、相互鼓励、相互进步，也要在团体活动中促使个体达到一种自我成长的结合，能够更好地去应对生活。

综上所述，以团体动力学理论、人本主义理论、人际关系理论、社会学习理论为理论基础的积极团体心理辅导，拥有广阔的应用空间，它的广泛普及对于保障人类心理健康水平的正向积极发展起到了至关重要的作用。

二、积极团体辅导的种类

（一）同质团体与异质团体

根据团体成员问题的相似性进行分类，同质团体的成员具有某些共同点，例如，在年龄、文化程度、心理需求或是兴趣爱好等有着某种程度上的共同点。在这类团体情境下，成员因自身情况或条件的相似性而更易于沟通、共情，例如，减肥团体、老人团体、亲子共同参与团体、自信团体、环境适应团体等。

与同质团体相反，异质团体是由年龄、性别、文化程度、生活经历、个性特

[①]　黄大庆.教育心理学[M].北京：首都经济贸易大学出版社，2019.

征以及心理需求等差异较大的个体构成。这类团体的情况比较复杂，常常因为团体成员间的意见不合而难以建立正常的沟通与交往，从而导致团体凝聚力低下，阻碍团体向上发展，例如，大学生团体，从年龄这一指标来看是同质的，但从成绩、归属地等指标来看，就是异质的。

（二）开放式团体与封闭式团体

开放式团体的成员不固定，原有成员若因为某种原因不愿或不能再参与该团体，可以随时离开，若有需要或感兴趣的新成员可以随时加入。例如，读书角等阅读俱乐部等。

而封闭式团体的团体成员则是固定不变的，团体成员从第一次活动开始到最后一次活动结束均固定地参与团体活动。与开放式团体相比，封闭式团体具有较强的团体凝聚力与和谐性。

（三）结构性团体与非结构性团体

这两种类别是根据团体的计划性与目标性来进行划分的。结构性团体的目标性强，团队领导者事先做了充分准备，为达到团体目标准备了一系列适应性活动并积极引导成员参与、体验活动和分享感受与经验。最典型的就是自信心提升团体，具有以下特征：团体领导者与成员之间的角色分明，团体目标明确，活动具有系列性、计划性，活动过程气氛热烈。

非结构性团体并不设置具体的计划或是主题活动，团体领导者并不为成员提供目标或探索方法，只需要引导成员积极互动，由个体自己去探索。

（四）成长性团体、训练性团体与治疗性团体

这两种类别是由团体辅导效果的不同来划分的。成长性团体辅导要达到的效果在于促进个体身心更好的发展，因此受到学校团体辅导的青睐。其帮助成员在互动交流的过程中认识自己、表达自己、探索自己，通过体验与反思肯定自己、接纳自己进而获得自我成长、开发心理潜能，使学生获得良好适应性。

训练性团体倾向于在团体背景下帮助成员学习如何更好地表达自己和解决问题，发展正向性行为。

治疗性团体主要是帮助失去某些心理社会功能的个体恢复其功能，实现心理健康。医疗机构或营利性的社会机构通常使用此类团体辅导方式治疗来访者的心理问题，学校积极团体辅导中较少用到此类辅导方式。

三、大学生积极团体辅导的优势

随着社会的不断进步，向着新时代迈进，人们在纷繁复杂以及快节奏的社会生活与家庭生活中所承受的心理压力越来越大，因此许多人对心理辅导的需求便越来越迫切。目前为止，心理辅导的方式主要有个体心理辅导和团体心理辅导两种。尽管个体心理辅导有着针对性强，辅导效果突出等优点，但也有诸如效率较低等不可避免的缺陷，而团体心理辅导，尤其是积极团体辅导恰好能够对个体心理辅导所具有的某些缺陷进行填补，与个体心理辅导相比，以下是积极团体心理辅导所具备的独特优势。

（一）辅导对象实现组团化，辅导效率高

积极团体心理辅导的辅导对象既可以是由多名拥有相同心理问题的人员组成的问题性小组，也可以是由多名有着心理成长以及人格发展等意愿的人员组成的发展性团体，鉴于不同的辅导目标，人数可以从几人至几十人不等。

积极团体心理辅导可以在一定的时间内向数量更多的人给予有效地心理支持，这样就在更大程度上填充社会上普及个体心理辅导时出现的缺漏，且提升了心理辅导的实际效率。同时，学校相关人员在对学生实施心理健康教育和辅导的过程中也认识到，由于学校中的学生人数众多，因此更加需要效率高的心理辅导方式。

（二）符合更多层次心理需求，辅导适用范围广

目前，人们的心理需求已经呈现出更多层次及多元化，不止在心理问题的矫治上，在自我心理成长方面的需求也日渐增多，而积极团体心理辅导恰好可以满足人们更多层次的心理需求。有些研究者将团体心理辅导分为治疗性团体心理辅导和成长性团体心理辅导，二者分别能够满足不同层次的心理需求，且都有着宽广的适用范围；前者能够满足以矫治为主的心理需求，即帮助解决团体中辅导对

象的心理问题，多应用于医院、心理矫治机构等；后者能够满足以预防、发展为主的心理需求，即帮助团体中辅导对象预防诸多心理问题的产生以及提升心理能力、提高心理素质、完善人格发展、培育具有积极意义的行为能力，多应用于学校、大型公司企业、社区服务等。

（三）提供团体力量，拥有极高的团体效益

在实施积极团体心理辅导的过程中注重营造温馨、通达、安定的心理氛围，这有利于缓解辅导对象身处团体之中所产生的紧张心理，他们可以在团体中感受到被关爱、被重视、被接纳、被理解，这便是团体力量的突出显现。

积极团体心理辅导所提供的团体力量，还能够唤起辅导对象内心渴望改变并成长的正向诉求，进而强化自身的心理疗愈力，最终实现心理与行为的变革。辅导对象在团体中分饰二角，既扮演着"求助者"，也扮演着"助人者"，在"倾诉"与"倾听"之间持续地转变，实质上就是不断地进行分享与收获，潜移默化地改变彼此，真正地实现互帮互助，共享成果。

（四）比个体辅导更全面、更高效

1. 团体群动力

个体咨询是来访者与咨询师单向沟通的过程，而积极团体咨询则是多向沟通，其借助团体力量，让有相同问题的人建立联盟，每个成员在接受来自团体成员帮助的同时，也可以成为帮助他人的力量。团体也为个体从多角度了解自己，觉察自己、向他人学习提供了机会。

2. 经济有效

在帮助那些有着类似问题和困扰的人时，积极团体心理咨询是既经济又有效的方式。相比个体咨询一次只能接待一位来访者，团体咨询根据场地、活动目标一次可以接待多位求助者，不仅增加了咨询人数，也在一定程度上节约了咨询师的时间和精力，缓解咨询人员不足的问题。

3. 提供社会支持、增添归属感

每位有心理困扰的来访者，不仅希望得到倾听，更期望可以找到与他们高度共情的人，在进行积极团体心理辅导过程中，来访者在团体中不仅可以找到与他

们相同境遇的人，知道世界上不是只有自己存在这方面的苦恼，并非自己最倒霉，更可以得到情绪的释然和心灵的安慰。团体中大家交流各自采取的措施及效果，可以形成一个强有力的社会支持系统，帮助束手无策、缺乏信心的求助者以积极的心态和信心去迎接挑战，改变现状。

四、大学生积极团体辅导的具体应用

（一）积极团体辅导方案设计的理论基础

基于积极心理学 PERMA 理论视角下，对积极情绪、投入、人际关系、意义和目的、成就这几个方面，运用积极人格特质理论、解释风格理论、ABCDEF 理论、乐观理论以及六大美德和 24 项优势。积极心理学 PERMA 理论主要指积极情绪、投入、人际关系、意义和目的、成就这五点的存在，才能使我们拥有持续的幸福。以建构积极资源为出发点，运用积极心理学相关理论设计团体心理辅导，各理论的主要观点表述如下。

1. 积极人格特质理论

该理论认为解决心理疾病，减轻症状或者消除某种行为，并不是最终目标，而是要使他们在生活中感到快乐与满意，这才是最终目的。所以积极心理学的治疗是在构建积极资源来抵抗心理问题，走向有目的、有意义的未来。这就是区别传统心理学治疗的一点——倡导关注人类积极因素的积极心理学。积极心理学主张提升幸福感，学会积极地调整心态，强调对人格的关注，唤起人们对积极力量的关注。积极人格特质理论的观点是人格并不是天生就定下来，终生不变的，而是与社会文化环境交互作用而产生的，我们不能忽视社会文化环境的影响，并且积极人格特质理论强调人类在自我发展中是主动建构的过程，不是被动接受的过程，强调人的能力和潜能，就是说在人格建构时，人们把潜能和建构资源积极主动加到与社会文化环境的交互作用中去，从而产生积极的影响。

2. 解释风格理论

该理论是美国心理学家马丁·塞利格曼（Martin E.P. Seligman）在发现习得性无助之后，发现积极乐观也可以习得性而得出的理论。并把人们的解释风格分为两类，乐观型和悲观型解释风格，不同风格的人对待同样的事物是不一样的，例如，悲观型的人在面对消极的事物时，他们解释方法偏向于从自身寻找原因。乐观的解释风格就是找出问题的正向方面，塞利格曼认为通过建构积极的归因方式，可以有效降低生活中无法处理的负面情绪①。根据其理论，以塞利格曼的解释风格理论为基础，学会反驳，学会与自己争辩，例如，提出自己不好的想法的证据、这件事情的后果有没有其他的可能性、暗示自己结果并不是最糟糕的或者想想这件事情会带来好的结果。

3.ABCDEF 理论

该理论又称合理情绪疗法，指面对无法解决的问题时存在一些不合理信念，例如，过分概括化、绝对化的要求和糟糕至极论，通过合理情绪疗法，重视理性的力量，认为人们可以把不合理信念转变为合理信念，进而来调整情绪和行为，使个体的想法变得合理，降低情绪困扰。

4. 乐观理论

六大美德：智慧与知识、勇气、仁爱、正义、节制。心理学家总结出六种美德，指出我们可以通过良好的行为去建立美德，例如，节制美德可以从自我控制、谨慎、谦虚等优势来实现。该理论对应的活动设计有：优势大转盘、优点轰炸、悦纳自我，通过同学之间的互相评价，找出自己的优势，认识自己的优势，建构积极资源，去面对考试焦虑。

（二）积极团体辅导的操作方法

1. 头脑风暴

头脑风暴法（Brainstorm）由美国著名创意思维大师亚历克斯·奥斯本（Alex Faickney Osborn）创立。意为成员在一个自由轻松的环境下，就一个确定的主题或是要解决的问题畅所欲言，通过自己的思考提出一些创新的思想、想法或观点，通过表达自己的思想、思考他人的观点来澄清问题，锻炼个体多角度分析、解决问题的能力。因此又称自由思考法、畅谈法。头脑风暴法遵循自由联想、延迟评判、多多益善的原则。

---

① 周陈妃，项亚光.初中教师解释风格与幸福感关系的实证研究：以上海地区初级中学为例 [J].现代基础教育研究，2017，28（04）：61-69.

2. 角色扮演

角色扮演即为个体运用表演的方式来表达对团体成员行为方式的认识。通常是团体成员表演所选定角色的某个生活学习情景，在表演的过程中个体把平时不理解的、压抑的情绪释放出来，有利于个体找到情绪困扰的症结所在。在使用角色扮演技法时应注意提供可以互换的角色，让成员自由选择角色进行扮演，最后领导人引导成员进行讨论，表达自己的感受。

3. 行为训练

行为训练法（Behavior training）是指在认知行为理论的指导下，通过一系列行为训练任务，纠正并消除原来的不当行为及认知观念，提高团体成员心理素质的心理辅导技法。包括想象放松、脑力训练、人格训练、注意力训练等多方面内容。

第三节　大学生积极心理咨询的开展

一、积极心理咨询的内涵

（一）心理咨询

咨询一词来源于拉丁语的"consulto"，指的是谈话和商谈。心理咨询起初主要是职业生涯指导，在 1939 年出版的《How to Counsel Students》一书中，正式提出把心理咨询作为职业指导计划的一个阶段，从此心理咨询以学习和生活指导、心理疗法与教育谈话等形式逐渐普及开来。事实上，在多年的发展中，心理咨询一直没有一个统一的定义。

罗杰斯认为心理咨询是通过与个体进行持续地、直接地接触，向其提供心理帮助并力求使其行为发生变化的过程[①]。

心理学家帕特森（C. H. Patterson）认为咨询是一种人际关系，在这种关系中，咨询人员提供一定的心理气氛和条件，使对象发生变化，作出选择，以解决自己

[①]　薛春艳 . 生命教育视野中的大学生心理健康教育研究 [M]. 武汉：华中科技大学出版社，2020.

的问题，并且形成一个有责任感的独立人格，从而成为更好的人和更好的社会成员①。

沟通分析学派的一些学者则认为咨询是一种契约关系中的专业性活动。咨询的过程使来访者能够发展意识，发展对问题管理的选择和技能，并在日常生活中通过增强他们的力量和资源获得个人成长。它的目标是在来访者的社会、职业以及文化环境中提高他们的自主性。

日本著名心理学家仓石精一认为心理咨询是一个在心理适应方面存在问题并需要帮助的人，与受过专门训练并具备咨询资质的专家面谈，咨询专家主要通过语言手段施以心理影响，以帮助来访者解决问题的过程②。

浙江大学教授马建青等人认为心理咨询应当定义为运用有关心理科学的理论和方法，通过解决咨询对象（即来访者）的心理问题，来维护和增进身心健康，促进个性发展和潜能开发的过程③。

综上所述，高校心理咨询的目标和一般心理咨询的目标基本相似，即与有心理问题的大学生进行面谈或者团体咨询，协助大学生提高自我意识水平，调整心理偏差，促使身心健康发展，发挥他们被阻碍的潜力。

（二）积极心理咨询

积极心理咨询是指专业人员运用专业知识技能，给学生以合乎需要的协助与服务，帮助学生正确认识自己、悦纳自己，并根据自身条件使其心理问题得以解决或心理压力得以疏解，并帮助他们确立有利于个人和社会的生活目标，使其克服成长中的障碍，充分发挥个人的潜能，在学习、工作和人际关系各方面，作出最佳的适应。大学生心理健康的标准应根据大学生自身的特点来评价和判断，通常情况下，一个心理健康的大学生应该具有和谐的人际关系、良好的情绪控制能力和社会适应能力，能够正确认识和接纳自我。而作为合格的大学生党员，不仅要具有上述的特点，更要有坚定的理想信念、高尚的道德情操和坚忍顽强的性格。

---

① 韦尔费勒，帕特森.心理咨询的过程：多元理论取向的整合探索 [M].北京：高等教育出版社，2009.
② 宋官东，徐晓宁.咨询心理学 [M].沈阳：东北大学出版社，2009.
③ 马建青.心理咨询流派的理论与方法 [M].杭州：浙江大学出版社，2004.

二、大学生积极心理咨询的内容与步骤

（一）大学生积极心理咨询的内容

1. 以心理发展为中心的咨询内容

每个人在成长过程中，都会遇到各种各样的矛盾与烦恼。大学生寻求发展咨询的目标在于了解自身、发挥自身优势、发挥自身潜力、提高学习、工作、生活品质、实现全面发展。主要内容有：大学生心理特征、学习目标、能力训练、情绪引导、个性塑造等。

经过系统、科学训练的心理辅导人员，在与来访者的交流中，可以使他们更全面、客观地认识自己，发掘自己的长处和潜力，了解自己的不足之处，并共同制定未来的工作目标和发展计划。寻求发展咨询的对象一般都是心理健康、没有明显心理冲突、基本适应环境的人。学校的心理辅导中心从事的工作，基本上都和发展辅导有关。

2. 以校园适应为中心的咨询内容

大学生在学习、工作、生活等方面存在着诸多问题，并在一定程度上产生了心理上的冲突。心理辅导的目标是缓解学生的心理问题，缓解他们的心理压力，提高他们的适应性。主要内容有：大学生的学习心理问题、学习心理机制和帮助策略、纠正不良学习方法、分析和排解考试焦虑、引导正确的异性交往、妥善处理人际矛盾、处理人际关系的技巧。

值得注意的是，这些问题都是大学生适应大学生活中遇到的常见问题，产生这些问题的大学生心理基本上是健康的，绝不能将其归类为"精神病"。这种问题，不需要医生的帮助，就能自己解决，但这种方法的实施，往往会造成很大的影响。在辅导员的指导下，认清问题的本质，找到问题的根源，尝试新的行为，体会新的生活方式，新的生活习惯，都会带给他们改变。

3. 以升学就业指导为中心的咨询内容

随着改革开放的深入发展，高校毕业生就业采取的是双向选择、自主择业的就业政策。因此正确认识自己，制订科学、合理、长远的职业生涯规划，选择有效的求职、就业策略，就成了大学生必须考虑的问题。

在职业高度分化的现代社会中，因为职业选择和工作适应等造成的个人问题

正在日益增加。这方面的内容包括：升学就业前的综合心理调整、学生能力性格与职业兴趣的评估、毕业求职的技能技巧等。因此就业咨询逐渐发展成为一项专业服务，劳动部设有职业指导师认证和培训，促进了职业规划、就业指导科学化。通过积极参加职业生涯规划、就业咨询以提高在人才市场中的竞争力，不仅仅是高年级毕业生的问题，也是大学新生的问题。

4. 以心理问题处理为中心的咨询内容

当然，也有一部分大学生心理咨询属于障碍咨询。这类咨询的对象有不同程度的心理障碍，或患有某种心理疾病，为此苦不堪言，影响了学习、工作和生活。咨询的目的就是通过系统的心理咨询治疗，帮助来访者克服障碍，缓解症状，恢复心理弹性。这方面的内容包括：大学生学校适应不良的心理调整、大学生行为问题（不良生活习惯、品行障碍等）的矫正干预、大学生神经症倾向（焦虑症、强迫症、恐惧症、抑郁症、疑病症等）的矫治干预、大学生性心理问题（过度手淫、性认同障碍、恋物倾向等）的矫治干预、大学生人格障碍（反社会型人格、偏执型人格、分裂型人格、强迫型人格等）的矫治干预等。当然，病情较重的病人，应以医疗治疗为主，心理辅导为辅。但如有抑郁症、双向情感障碍、精神分裂症等精神方面的问题，咨询老师应当帮助其父母让他及时就医，不要隐瞒病情，以免病情加重，更加影响学习和生活质量。

（二）大学生积极心理咨询的步骤

1. 收集信息

在收集信息的过程中，首先要做的就是建立起良好的咨询关系。人际关系在一定程度上决定了咨询的成功与否。在心理咨询的早期阶段，咨询师要对来访者详细、准确的情况进行了解，以便更好地确定问题。来访者还要了解咨询师能否对自己进行关怀，能否对自己负责任，有没有丰富的咨询经验，有没有行为矫正的技巧，有没有遵守承诺和保守秘密，等等。在这种情况下，访客可以自行决定在咨询师面前袒露真情或隐私。如果不能很好地解决这个问题，或被强迫参与，来访者往往会有很大的心理阻力，不愿意表达自己的想法。此外，良好的辅导关系，也是解决心理障碍的一个重要因素。

收集信息时，咨询师要了解来访者的求助动机、心理问题、个人发展史、人格特点、社会背景和社会适应等情况。咨询师在和来访者交流时一般应注意收集两方面的信息：一是来访者的基本情况，例如，年级、院系、专业、籍贯等；二是来访者存在的心理问题及产生原因，包括问题何时发生的、问题发生前后的情况等。

2. 界定问题

界定问题的主要任务是依据收集到的信息，结合心理咨询的有关知识和经验，对来访者的问题进行界定、诊断，辨明问题的类型、性质和严重程度等，为确立咨询目标和选择咨询方法打下基础。

3. 确立咨询目标

确立咨询目标的主要任务是在咨询双方对来访者问题界定的基础上，共同确立他应向什么方向改变，经过改变后可以达到什么样的状态。例如，如果来访者的问题是适应性不良，就可以把通过强化或消退等手段矫正不良行为作为主要的咨询目标；如果是由于认知的歪曲或错误造成来访者的心理问题，就应该把帮助来访者发现认知错误、改变不良认知作为主要的咨询目标。

4. 规划咨询方案

咨询方案的主要工作是针对来访者的问题性质、来访者的特点、外部资源的可用条件、咨询师自身的能力、咨询的经验、技术的积累，以及咨询顾问的咨询目的，制订咨询顾问的计划。通常情况下，咨询师和来访者应当一起制订一份时间表，并清楚地说明双方在一段时间里要做的事情和该怎么做。制订一份详尽的顾问计划，有效地限制来访者和顾问的行为，以防咨询成为一种无意义的形式。尤其是在使用行为纠正技术时，这种方案需要更加细致。

5. 实施行动

实施行动阶段的主要任务是将方案中拟订的行动步骤一一付诸实施。在实践中，参与者是主体，在咨询师的引导下，主动地进行自我探究，理解、领悟新的行为模式、观念，克服负面的情感，以新的适应行为取代原有的不适应行为，认真地体验新的行为所带来的改变。而咨询师主要负责解释、督促和评估，以鼓励来访者把行动坚持下去。

6. 评估结果

（1）评估目标收获

咨询双方在确定的目标基础上对整个心理辅导流程进行评估，以证实目标的实现。在需要的时候，这种评估还可以再次利用心理测量。评估的价值，不仅仅是让来访者了解咨询的好处，同时也是一个让来访者经历一次艰苦的努力，最终实现自己目的的机会。这是一次宝贵的经历。

（2）为学习迁移做准备

咨询双方应根据来访者的忧虑，认真探讨他们在学习、工作、生活中遇到的问题，运用自己在咨询过程中所得到的正面经验与教训，正确处理，以提高咨询双方的效能，推动来访者快速成长。

需要指出的是，以上六个步骤是相对的，有些步骤可以合并，例如，收集信息与界定问题往往无法严格区分。在咨询的过程中如果发现了新的重要情况，例如，前期由于来访者的心理阻抗，未能如实反映问题，这时往往需要重新界定问题，重新制订咨询规划与咨询方案。

三、大学生积极心理咨询开展策略

（一）心理求助引导策略

在心理咨询的服务前阶段，他助型学生在线上服务信息搜索中没有得到足够的服务预期信息，同时遇到预约时间冲突、预约效率低下的问题。同样地，尽管自助型学生没有进入到预约行为阶段，但在服务评估阶段已实施信息搜索和评估的行为。相对他助型学生，自助型学生在决定使用服务前需要更多信息，以构建服务的预期进程和结果。对于缺乏服务信息的问题，依据学生"了解个人状况—寻找方法—评估方法"的心理自助决策行为路径，首先引导学生定位和了解个人心理状况；然后，为学生提供对应的咨询服务信息（包括咨询服务类型、擅长对应主题的咨询师、咨询方式和效果简介等引导信息），为学生提供决策支持。

通过协助学生定位个人状况，一方面为学生提供专业的求助方法，另一方面丰富学生的心理健康知识，更根本地提高心理状况识别和应对方法。

通过提供服务过程和结果信息，为学生提供可行的校内咨询服务求助类型和求助对象，一方面为学生构建可行的服务预期结果，另一方面减轻服务信息和服务对象筛选的负担，引导学生进入预约阶段。

对于预约时间效率问题，为学生推荐时间效率最高、最贴近个人解决需求的咨询类型和心理咨询师，让学生自行依照个人状况在线上预约和管理预约信息。以此，打破学生和咨询师的预约信息壁垒，让静态的预约排班表嵌入到线上服务信息中动态更新。

（二）电子档案策略

当前的学生心理档案系统属于心理咨询师和辅导员共同管理的后台管理系统，具有心理测试和介入、管理等功能。该功能支撑了服务提供者们的心理筛查、个案转介和危机介入工作，但由于心理档案完全在后台运作和管理，存在系统内档案信息的更新不及时、心理咨询师需在咨询后增补档案信息从而增加工作量的问题。在学生的服务体验方面，学生反馈的"心理咨询师不了解我""心理咨询师不真诚"反映的就是由于心理咨询师工作量过大，容易忽略学生的具体问题或个人特色，最终在服务交互中传达出"不了解""不真诚"的感觉。

可以增加学生端的电子档案构建和信息更新渠道，使档案信息双向、即时流动。学生自行构建基本个人心理档案信息，减少档案调用和每次咨询前心理咨询师的建档录入工作。学生在预约服务中录入的个人状况信息，同步更新至后台档案。一方面档案系统得以更新，并且心理咨询师无须通过咨询服务了解学生状况后才自行录入信息，减轻工作量。另一方面心理咨询师能够在咨询前了解学生的具体状况或个人特色，为学生提供更具针对性的咨询方案，减轻学生对于咨询师"不真诚""不了解"的体验感。

（三）空档期与服务后的心理照护策略

心理咨询的目的是助人自助。心理咨询不为来访者的问题提供任何具体的解决方案或协助来访者作出选择，而是协助来访者自我观察、自我剖析，面对未被意识到的自我，从而在自我思考中求解。因此，无论心理困扰程度如何、所需心理咨询的次数多少、心理求助类型如何，心理照护都是个人心理健康的重要策略。

结合精神分析师玛格丽·玛勒（Margaret S. Mahler）提出的心理促进图谱（mental health promotion spectrum）策略，针对"预约—咨询"中的空档期和咨询服务后的阶段提出心理照护计划策略。在预约后，到咨询开始前的阶段，学生可能反复出现心理波动而无法自我有效缓解的情况，甚至可能面对突然出现的心理危机。针对这段空档期，为学生提供快速的缓解方法、通用缓解计划和紧急求助路径，让学生能够及时自我缓解或及时求助。

在咨询服务中，心理咨询师评估学生的心理状况，根据不同的学生，制定相应的护理方案。心理咨询师首先针对不同的心理话题，根据其基本情况制定基本的心理护理方案。之后，根据学生的实际情况，在后台管理系统中增加或减少对学生的照顾。学生可透过线上 APP，随时了解其心理状态。心理护理的结果会在后台同步更新到个人的心理档案中。

（四）服务评估与反馈策略

服务的可持续发展需要服务提供机构了解用户服务需求，以完善服务提供、服务流程，提高服务价值。因此，服务需引入评估反馈机制，形成一套服务评估标准。通过用户对服务整体和服务触点的定期评估，获悉服务价值的创造，为服务发展提供系统性的数据支撑。对于服务整体，用户定期对服务整体的满意度或服务质量进行评估。通过邀请用户填写问卷，定期开展利益相关者工作坊等方法，促进利益相关者们的利益交流和服务改进。

将学生对心理咨询师的服务评价作为心理咨询师的专业评估标准之一。一方面提高心理咨询师的工作能力，另一方面提高学生对心理咨询师和服务机构的认可度。用户服务评价也能为学生选择心理咨询师时提供依据。结合用户研究结果，口耳相传是学生对服务认知和服务信息的主要方式。从服务营销的角度，构建品牌形象的目标是构建用户心智模型（或认知图式）。

人际交互形成的社会网络影响人对事物的认知和行为。当大部分学生认为高校心理咨询服务"有效性低""心理咨询师不真诚""不方便""不知道服务信息""隐私不受保护"时，学生对高校心理健康服务的抗拒感增强，信任感减少，导致在服务前的信息搜寻和评估阶段中容易放弃使用服务。

通过在策略中引入反馈机制，及时获取每个策略的反馈数据。

参考文献

[1] 谭全万，郭朝辉.大学生心理健康教育原理与方法 [M].成都：电子科技大学出版社，2010.

[2] 向前.积极心理学视角下的发展性心理健康教育 [M].北京：中国书籍出版社，2013.

[3] 郭鹏.大学生的心理健康教育 [M].徐州：中国矿业大学出版社，2015.

[4] 姚本先.大学生心理健康教育 [M].合肥：安徽大学出版社，2015.

[5] 吴青枝，王利平.当代大学生心理健康教育 [M].北京：北京师范大学出版社，2016.

[6] 禹玉兰，李鹤展，万崇华.大学生积极心理健康教育及心理素质训练 [M].天津：南开大学出版社，2016.

[7] 孟万金等.积极心理健康教育在中国 [M].北京：教育科学出版社，2017.

[8] 刘婧.网络环境下的大学生心理健康教育 [M].长春：东北师范大学出版社，2017.

[9] 秦喆.积极心理学视野下大学生心理危机干预构想 [M].北京：航空工业出版社，2017.

[10] 屈艳红，周秀艳.大学生心理健康教育 [M].北京：科学出版社，2018.

[11] 李婷婷.积极心理学视角下的大学生心理问题探析 [M].北京：中国书籍出版社，2019.

[12] 谭华玉，马利军.大学生心理健康教育：积极心理学的运用 [M].广州：华南理工大学出版社，2020.

[13] 郭芳，陆茜，赵贞卿.大学生心理健康教育 [M].苏州：苏州大学出版社，2020.

[14] 胡守琴. 积极心理学理念下的大学生心理健康教育分析 [J]. 科教导刊（上旬刊），2020（25）：168-169.

[15] 李雅婷，张姝. 积极心理学视角下的大学生心理健康教育探究 [J]. 科教导刊（上旬刊），2020（25）：170-171.

[6] 张树凤，张艳，王惠. 基于积极心理学导向下的大学生心理健康教育分析 [J]. 现代职业教育，2020（30）：218-219.

[17] 董家延. 积极心理学在大学生心理健康教育中的应用研究 [J]. 中国多媒体与网络教学学报（上旬刊），2020（05）：27-28.

[18] 戚百旺. 积极心理学视角下的大学生心理健康教育策略分析 [J]. 山西青年，2021（20）：181-182.

[19] 何奥. 积极心理学视角下大学生心理健康教育的现状审视及路径优化 [J]. 中阿科技论坛（中英文），2021（09）：175-177.

[20] 李晓丽. 新媒体时代大学生心理健康教育路径探究：基于积极心理学的视角 [J]. 高教学刊，2021，7（21）：58-61.

[21] 康映雪. 立足积极心理学视野开展大学生心理健康教育 [J]. 作家天地，2021（21）：147-148.

[22] 李伟. 积极心理学视角下大学生心理健康教育策略研究 [J]. 大学，2021（21）：140-142.

[23] 罗辑，康华明. 积极心理学视阈下的大学生心理健康教育课程教学模式改革探索 [J]. 遵义师范学院学报，2021，23（02）：152-155.

[24] 郭艳敏. 积极心理学与大学生心理健康教育研究 [J]. 文化产业，2021（09）：139-140.

[25] 雷煜曦. 网络背景下大学生心理健康课程建设研究 [D]. 哈尔滨：黑龙江大学，2022.

[26] 朱灵燕. 基于数据挖掘的大学生心理健康数据分析及预测 [D]. 南昌：南昌大学，2022.

[27] 刘天一. 大学生宿舍人际关系、大五人格和心理健康相关性研究 [D]. 哈尔滨：黑龙江大学，2022.